MARCO WEHR

Kleine Kinder sind große Lehrer

FLUGSCHRIFTEN ARCHIV DER ZUKUNFT

herausgegeben von Reinhard Kahl

MARCO WEHR

Kleine Kinder sind große Lehrer

Das Genie der frühen Jahre

BELTZ

Für Anouk und Naïma

Dieses Buch ist auch als E-Book erhältlich:
ISBN: 978-3-407-22305-0 (pdf)
ISBN: 978-3-407-22312-8 (epub)

www.beltz.de

Umschlaggestaltung: www.anjagrimmgestaltung.de, Stephan Engelke (Beratung)
Layout und Satz: Lelia Rehm
Druck und Bindung: Beltz Bad Langensalza GmbH, Bad Langensalza
Printed in Germany

ISBN 978-3-407-85990-7
1 2 3 4 5   18 17 16 15 14

Inhalt

Wer kann uns lehren, wie man lernt?

Bläta! Blöddar! Bläddä! Blettor! Was soll das sein? Das sind phonetische Stilblüten von Schülern, die verzweifelt versuchen, sich mittels ihres Gehörs an die korrekte Schreibweise des deutschen Worts »Blätter« heranzutasten. Ein umstrittenes Verfahren. Aber was heißt heute eigentlich korrekte Schreibweise? Wer weiß nach der Reform der Reform der Reform noch, ob Worte groß- oder kleingeschrieben werden, zusammen- oder auseinander-? Jeder, der des Lesens mächtig ist, liest laufend Texte in verschiedener Rechtschreibung! Selbst die Lehrer sind sich deshalb ihrer Sache nicht mehr sicher. Und das handschriftliche Schreiben? Bringt das überhaupt noch was? Ist das in Zeiten, in denen bereits Achtjährige geschäftig mit einem Smartphone über den Schulhof laufen, noch notwendig oder einfach eine antiquierte Zeitverschwendung? Auch hier streiten die Gelehrten. Einigen reicht es aus, den Buchstabensalat via Touchscreen in eine digitale Maschine zu hacken. Andere betonen ausdrücklich den didaktischen Wert der Feinmotorik.

Sind das die einzigen pädagogischen Felder, in welchen unzureichend begründete Glaubensvorstellungen fröhliche Urständ feiern? Definitiv nicht. Einige Bildungsromantiker hegen die Überzeugung, dass sich Kinder dank eines genuinen Wissens ganz von alleine wie die Blumen entfalten. Der Lehrer schrumpft zum Lernbegleiter. Er soll mit Staunen zur Kenntnis nehmen, wie die Schüler das Rad noch einmal erfinden oder das Antlitz grübelnd zum bestirnten Himmel erheben, um die Kepler'schen Planetenbahnen aus sich selbst heraus zu entwickeln. Wieder andere vertreten den entgegengesetzten Standpunkt und meinen, dass Jugendliche am besten gar nicht selbstständig denken sollten. Sie müssen in der Schule druckbetankt werden: 38 Wochenstunden Unterricht und in 12 Jahren zum Abitur. Dann sind sie wohlgeformt und gerüstet, um an der Universität in einem vollverschulten Studium den letzten Schliff zu erhalten.

»Der Weg in die Hölle ist mit guten Vorsätzen gepflastert.«

Man muss den Menschen, die zu diesem grassierenden pädagogischen Wildwuchs beitragen, keinen bösen Willen unterstellen. Aber leider ist gut gemeint oft das Gegenteil von gut gemacht. Da stellt sich die Gretchenfrage: Was könnte uns in diesem umfassenden Tohuwabohu als Leitlinie dienen?

Wer weiß, wie man lernt? Wer wüsste Lehrer zu lehren, wie man lehrt? Und was muss gelehrt werden?

Seit neuestem obliegt die Deutungshoheit in solchen Fragen der empirischen Bildungsforschung, die vor ein paar Jahren mit breiter Brust die Bühne betreten hat. Am Ende des Buches begründe ich, weshalb ich ihrem selbsternannten Führungsanspruch nicht traue.

Aus diesem Grund hätte ich einen ganz anderen Vorschlag: Wie wäre es, die Nase einmal da reinzustecken, wo

Lernen *ohne jeden Zweifel* gelingt, und sich dann zu fragen, was man dort über das Lernen lernen kann? Damit löst man sicher nicht jedes pädagogische Problem, hätte aber doch einen verlässlichen Kompass in der Hand, der für alle Lehr- und Lernsituationen gilt.

Warum also nicht eine unfehlbare Lehrmeisterin bestallen, deren Kompetenz unbestritten ist? Würde diese Lehrmeisterin nämlich nicht »wissen«, wie man lernt, wären wir noch nicht einmal in der Lage, die Frage nach gelingendem Lernen zu stellen. Wir wären schlicht und ergreifend nicht da!

Diese unfehlbare Lehrmeisterin hört auf den Namen *Evolution*. Die Evolution hat uns mit seit tausenden von Jahren bewährten Prinzipien der Wissensaneignung versehen. Und wo sieht man diese Prinzipien bei der Arbeit? Sie offenbaren sich in aller Deutlichkeit bei kleinen Kindern und erlauben ihnen unfassbare Lernfortschritte! Wenn wir sie aufmerksam beobachten, können wir wie unter einer Lupe der Natur bei der Arbeit zusehen. Aber eben nur so lange, wie die Kinder noch nicht verbildet sind.

Erstaunlicherweise erfahren aber diese evolutionären Lernprinzipien, obwohl sie zwangsläufig erfolgreich sind, im Elternhaus, an der Schule und der Universität recht wenig Wertschätzung. Lässt sich das dadurch erklären, dass Lernen und Lehren bei älteren Kindern, Jugendlichen und jungen Erwachsenen plötzlich nach anderen Gesetzen funktioniert? Ich glaube nicht.

Seit Jahren beschäftige ich mich als Künstler, der täglich mehrere Stunden übt, mit dem Phänomen der Meisterschaft. Es ist faszinierend zu ergründen, wie die Menschen vorgehen, die etwas wirklich können. Deshalb besuche ich Nobelpreisträger, Olympiasieger, Instrumental- und Tanzvirtuosen und spreche ausgiebig mit ihnen. Und da, wo es möglich ist, schaue ich ihnen auf die Finger. Das Ergebnis ist verblüffend! Meister und Meisterinnen lernen wie die Kinder! Sie befleißigen sich ganz genau derselben Methoden und Strategien, wobei sie sich nur im Grad der Bewusstmachung von den Kindern unterscheiden.

Da stellt sich doch die Frage, ob wir uns dieses Wissen, das so tief in der Praxis verankert ist, das bei Kindern und Meistern funktioniert, nicht auch für Erziehung, Schule und Universität zunutze machen sollten? Schließlich spielen die Strategien, mit deren Hilfe sich Kinder Weltwissen und Fertigkeiten aneignen, in allen Lernprozessen eine entscheidende Rolle! Deshalb dürfen sie von Eltern und Lehrern nicht missachtet werden. Im Gegenteil, sie sollten in Erziehung und Unterricht integriert werden.

Um nun die Besonderheiten dieser Lernstrategien in den Blick zu bekommen, müssen wir uns kurz mit der Evolution auseinandersetzen. Erst wenn wir verstehen, weshalb der Mensch im Tierreich eine Sonderrolle einnimmt, wird einsichtig, warum Kinder so lernen, wie sie lernen.

Der Mensch – das missratenste aller Tiere?

Die Evolution mag eine kompetente Lehrmeisterin sein, aber augenfällig ist das beim Menschen nicht gerade! Dem unbedarften Beobachter erscheint anfänglich alles irgendwie hakelig, verwickelt, unbeholfen und umständlich.

Das Drama beginnt schon mit der Geburt. Eigentlich ist der Kopf des Säuglings viel zu groß. Fast jede Entbindung ist ein Kraftakt und nicht selten bedarf es chirurgischen Geschicks, um Leib und Leben von Kind und Mutter zu retten. Endlich entbunden, ist der Säugling Inbegriff von Hilflosigkeit und Schutzbedürftigkeit. Und man muss wohl ein Mensch sein, um das strampelnde und brüllende Etwas schön zu finden. Krumme dicke Beine, ein viel zu langer Oberkörper und besagter riesiger Kopf auf einem viel zu schmächtigen Hals. Leider ändert sich das Bild auch in den nächsten Monaten und Jahren nicht grundlegend. Die ganze Entwicklung scheint eine nicht enden wollende Verkettung von Pleiten, Pech und Pannen zu sein. Augenscheinlich kann das Kind anfänglich so gut wie nichts und als Außenstehender hat man nicht den Eindruck, dass es mit bewunderungswürdiger Geschwindigkeit lernt. Allein den Kopf so auf dem Hals zu balancieren, dass das Baby halbwegs geradeaus in die Welt schauen kann, scheint ein echter Kraftakt zu sein. Und auch alles andere muss umständlich erlernt werden. Entsprechend euphorisch wird jeder kleine Entwicklungsschritt von den Eltern zur Kenntnis genommen und gefeiert. Kinderlose Erwachsene glauben einem Volk von einem anderen Planeten zuzuhören, dessen Sprache sie nicht verstehen, wenn in einem einstündigen Gespräch erörtert wird, dass sich der kleine Fratz endlich auf den Bauch drehen kann und außerdem gelernt hat, aus dem Fläschchen zu trinken. Es folgen die bekannten Entwicklungsschritte: Das Kind beginnt ungelenk über den Boden zu robben und unbeholfen zu greifen. Es schmeißt alles um, was nicht niet- und nagelfest ist. Irgendwann torkelt es durch die Gegend, steckt bevorzugt verbotene Dinge in den Mund, während es zu einer buddhistischen Meditationsübung werden kann, das Kind mit Essbarem zu füttern. Und alles wird von permanentem Geschrei, Gesabber und Gebrabbel begleitet. In der Summe kann das eine funktionierende Partnerschaft zerrütten.

Muss man vor diesem Hintergrund dem bekannten Anthropologen Arnold Gehlen nicht recht geben, der das menschliche Kind mit einem zu früh aus dem Nest gestürzten Vogel verglich? Oder können wir dem Philosophen Friedrich Nietzsche böse sein, der den Menschen mit seiner verunglückten Entwicklungsgeschichte das missratenste aller Tiere nannte? Was bitte soll an dieser von der Evolution gesteuerten Entwicklung so besonders sein?

Mit welcher Leichtigkeit scheinen dagegen viele Tiere erwachsen zu werden. Kaum geboren, beginnen sie nach kurzer Zeit anmutig zu laufen und zu schwimmen, gar zu fliegen. Wie von Zauberhand formt sich das genetische Programm aus und die Resultate lassen uns vor Neid erblassen. Können wir fliegen wie ein Albatros oder schwimmen wie ein Delfin? Sind wir behände wie ein Affe in einer Baumkrone oder schnell wie ein Gepard?

Warum also der Kult um das Kind? Warum sollen gerade von den Kleinen Lernstrategien angewendet werden, die sogar Virtuosen und Meister kopieren? Warum soll es Sinn machen, diese Lernstrategien ein Leben lang zu pflegen und sie zum unverzichtbaren Teil eines jeden pädagogischen Konzepts zu machen? Warum ist der Homo sapiens eigentlich ein Homo motoricus – ein Koordinationswunder, ein über die Maßen begnadeter Körperkünstler? Ist das nicht lächerlich, bei all dem Ungeschick? Die Antworten auf diese Fragen liegen verborgen in unserem großen rätselhaften Kopf. Und dessen besondere Funktionsweise lässt sich nur verstehen, wenn wir die »Evolutionsstrategie« des Menschen hinterfragen. Ein kleines Geheimnis sei hier schon verraten: Delfine, Albatrosse, Geparden und Affen sind bewundernswerte Spezialisten. Zugegeben. Aber das gilt auch für uns: Wir sind die unübertroffenen Spezialisten im Nicht-Spezialisiertsein.

Wir sehen mit Milliarden Augen – Katzen mit zwei

Warum lernen Kinder scheinbar so umständlich? Was passiert während dieser Zeit? Und ganz wichtig: Warum passiert es?

Um sich den Antworten auf diese Fragen anzunähern, lenken wir unsere Aufmerksamkeit auf das Darwin'sche »survival of the fittest«.

Das englische Verb »to fit« hat mit dem »fit« im deutschen Sprachgebrauch wenig bis gar nichts zu tun. Weder geht es um körperliche Leistungsfähigkeit in Form eines beeindruckenden Bauchbretts noch um die Brillanz von Jugendlichen im Umgang mit Computern. Es geht auch nicht um rüstige Rentner. Es geht einzig und allein darum, »angepasst zu sein«. Ein blinder, weißer Olm wirkt auf uns nicht fit. Er ist aber seinem Lebensraum – der Höhle – sehr gut angepasst. In diesem Sinne lässt sich das »survival of the fittest« als das Überleben der an einen Lebensraum Angepassten interpretieren. Wobei eben einzig die Überlebenden in der Lage sind, Nachkommen zu zeugen, die mit großer Wahrscheinlichkeit die Erbinformation in sich tragen, die es den Eltern erlaubte, in genau diesem Lebensraum zu bestehen! Das ist der entscheidende Punkt.

Leider bleiben Lebensräume häufig nicht so, wie sie sind. Sie ändern sich am laufenden Band. Das muss hervorgehoben werden, weil in einer esoterisch verklärten ökologischen Bewegung viel vom natürlichen Gleichgewicht fabuliert wird, in dem angeblich alle Zähnchen eines komplexen Räderwerks für alle Zeiten harmonisch ineinandergreifen: Wenn wir nur wie die Indianer im Einklang mit der Natur leben würden, fände Übermutter Gaia endlich ihren inneren Frieden und wir würden zur Belohnung bis ans Ende unserer Tage von ihr genährt werden. Die Geschichte unseres ruhelosen Planeten lehrt aber etwas ganz anderes. Gaia ist keine gutmütige Amme, sondern ein wetterwendisches Weib! Phasen ruhigen Gleichmaßes sind die Ausnahme, Umbrüche mit teils katastrophalen Konsequenzen die Regel. Man denke nur an das Aussterben der Dinosaurier, das sich mit großer Wahrscheinlichkeit den veränderten klimatischen Bedingungen verdankt, die durch Vulkanausbrüche und Meteoriteneinschläge zustande kamen. Bei Ausgrabungen unweit meines Wohnorts Tübingen sind Sedimente zum Vorschein gekommen, die nahelegen, dass vor Millionen von Jahren ein Tsunami von 1000 (!) Meter Höhe über das heutige Schwabenland gedonnert ist. Auch die ziemlich erratisch auftauchenden Eiszeiten müssen in diesem Zusammenhang erwähnt werden. Und selbst auf kürzeren zeitlichen Skalen gibt es radikale Umbrüche. Bohrkerne aus dem Grönlandeis beweisen, dass es binnen eines Jahrzehnts große Temperatursprünge gab. In unserer Zeit würde ein solcher Temperaturumschwung dem eisigen Moskau das Klima von Rom bescheren und die Russinnen würden im Winter in Miniröcken über den Roten Platz laufen. Wie dramatisch die Veränderungen auf der Erde sind, wird einem auch klar, wenn man weiß, dass vor nur 5000 Jahren die heutige Todeszone Sahara ein blühender Garten Eden war.

Lebensräume, die sich so extrem verändern, sind eine große Herausforderung für die evolutionären Strategien der Lebewesen. Es gibt in diesem Zusammenhang vor allen Dingen zwei Strategien, die es Lebewesen erlauben, mit radikalen Veränderungen zurechtzukommen. Die eine beruht auf der sogenannten Akzeptanz, die andere auf der Adaptabilität. Evolutionär optimiert wird die Summe aus beiden.

Die »Akzeptanz« ist die Strategie des »dicken Fells«. Es existieren Lebewesen, die einfach unempfindlicher sind und denen besagte Veränderungen nicht so viel ausmachen. Sogenannte Archebakterien überleben bei Temperaturen von bis zu 130 Grad Celsius. Da machen ein paar Grad hin oder her nicht besonders viel aus.

Hier interessiert uns die andere Strategie – die Adaptabilität.

Der Mensch besitzt eine außergewöhnliche Anpassungsfähigkeit! Auf sich verändernde Lebensumstände wird mit entsprechenden Verhaltensänderungen reagiert, wobei das Wissen für diese Verhaltensänderungen weniger im Genom des Individuums codiert ist, sondern sich vielmehr im *Besitz verschiedener Kulturen* befindet, die sich in verschiedensten Lebensräumen zu behaupten gelernt haben. Das ist ein bemerkenswerter Punkt. Deshalb spielt das Lernen aus Erfahrung für uns Menschen eine herausragende Rolle! Aus Erfahrung zu lernen bedeutet, in der Vergangenheit Erlebtes für die Zukunft nutzbar zu machen – also Chancen zu ergreifen und Risiken zu meiden.

Aber ist das wirklich so außergewöhnlich?, mag man einwenden. Aus Erfahrung lernen schließlich auch viele andere Lebewesen. Wo liegt der wesentliche Unterschied? Um das zu verstehen, werden wir vier ziemlich verschiedene Tiere miteinander vergleichen: Meeresschnecken, Katzen, Schimpansen und Menschen.

Meeresschnecken? Die Schnecke Aplysia ist eines der Lieblingstiere der Neurobiologen und für die Untersuchung ihrer Gedächtnisleistungen wurde der Nobelpreis verliehen. Diese Versuchstiere sind aber nicht deshalb so beliebt, weil ihre Gedächtnisleistungen besonders eindrücklich wären. Sie sind einfach im Labor gut zu untersuchen. Für uns sind sie interessant, weil sie bereits zu einfachen Verhaltensleistungen wie Habituation und Konditionierung in der Lage sind, obwohl sie noch nicht einmal ein Gehirn besitzen, sondern nur gut unterscheidbare Nervenknoten, sogenannte Ganglien.

Diese Primitivausstattung erlaubt den Schnecken, einfache Vorhersagen zu machen: Ein Wissenschaftler nimmt ein Stöckchen und berührt das Glibbertier an einer empfindlichen Stelle – dem Syphon. Schlagartig zieht die Schnecke diesen Körperteil ein. Doch nachdem sie mehrfach berührt wurde, passiert etwas Überraschendes. Die Reaktion wird zunehmend schwächer, bis sie schließlich unterbleibt. Was hat das mit einer Vorhersage zu tun? Offensichtlich hat die Schnecke eine Erfahrung gemacht, die sie für die Zukunft nutzt! Im Unterschied zu einer Elektrode, mit der man ihr einen elektrischen Schlag versetzt, geht von dem Stöckchen keine Gefahr aus. Deshalb wäre es Energieverschwendung, den Syphon immer wieder einzuziehen. Das hört sich unspektakulär an, ist aber bei genauerem Hinsehen erstaunlich. Schließlich muss es eine wie auch immer geartete, einfache neuronale Repräsentation des berührenden Stöckchens geben, welche die Meeresschnecke dazu veranlasst, ihr Verhalten zu modifizieren.

Wer zum Philosophieren neigt, kann kurz einmal darüber nachdenken, dass eine ursprünglich unbelebte Welt sich in einem so einfachen Nervensystem auf einmal wie im Spiegel selbst anschaut. Das ist revolutionär.

In unserem Zusammenhang ist aber etwas anderes wichtig: Im evolutionären Zusammenhang lassen sich verschiedene Gehirne als *Zeitmaschinen* interpretieren, wobei die vorgestellten Reisen in die Zukunft, die aus der gelebten Vergangenheit schöpfen, mehr oder weniger ausgedehnt sind.

Betrachten wir in diesem Licht die Katze. Das Gehirn der Katze verhält sich zum Nervennetz der Schnecke wie ein Hochleistungscomputer zu einem Rechenschieber. Bei unseren Betrachtungen unterscheiden wir jetzt zwischen einem wohlwollenden und einem bösen Wissenschaftler. Der nette streichelt das Tier, der andere versetzt ihm einen harten Schlag. Was macht die Katze, wenn der Bösewicht, der das Tier schon einmal misshandelt hat, erneut zur Tür reinkommt? Sie wird zwischen zwei Möglichkeiten ihres Verhaltensrepertoires wählen: Entweder ergreift sie die Flucht oder sie wird beißen und kratzen, wenn er sie zu fassen versucht. Im Englischen heißt diese Strategie »flight or fight«.

Auf alle Fälle assoziiert die Katze Gesicht, Haltung, Geruch … des Bösewichts mit der schon geschehenen Tat und zieht eine Schlussfolgerung, die die Zukunft betrifft. Da kann das Nervennetz der Schnecke nicht mithalten. Das Weichtier ist nicht in der Lage zu unterscheiden, wer Stöckchen oder Elektroschocker in der Hand hat, und auf dieser Grundlage eine »Entscheidung« treffen.

Obwohl die Leistung des Katzengehirns Lichtjahre von der der Schnecke entfernt liegt, bleibt auch sie beim Lernen aus Erfahrung weitgehend auf sich selbst gestellt. Einsam zieht die Katze durch ihr Revier und lernt auf der Grundlage von angeborenen Instinkten und persönlicher individueller Erfahrung, Chancen zu nutzen und Gefahren zu meiden. Sie sieht die Welt nur mit ihren eigenen zwei Augen.

Was für ein Unterschied zu einem Schimpansenbaby, das in einer lärmenden Horde groß wird! Im Gegensatz zum Katzenkind kann dieses Baby von einem Erfahrungsschatz profitieren, der im *Besitz der Gruppe* ist und zum Teil ein Wissen beinhaltet, das schon vor Generationen gemacht worden ist.

Bestimmte Horden pflegen die Kunst, mit Stöckchen schmackhafte Termiten aus deren Bauten zu angeln. Einige motivierte Jungtiere beobachten die Könner und eifern ihnen nach. Durch diese Fähigkeit bleibt eine einmal gemachte Entdeckung für die Gruppe verfügbar.

Außerdem gibt es Kommunikationssysteme, die ebenfalls die bemerkenswerte Konsequenz haben, dass ein Tier nicht nur von seiner individuellen Erfahrung profitiert, sondern von der der Horde. Es ist, als würde es die Welt nicht mehr nur mit eigenen Augen und Ohren wahrnehmen, sondern mit denen aller beteiligten Tiere. Das kommunikative Netz verbindet die Erfahrungen der Affen und macht sie für alle nutzbar. Denken Sie an eine Giftschlange! Eine Kobra gleitet durchs Gras und beißt einen unvorsichtigen Affen. Nennen wir ihn John. John schreit und stirbt unter großen Qualen. Diese erschütternde Szene wird von den anderen Tieren beobachtet, die, ohne sich dessen bewusst zu sein, eine Kausalbeziehung unterstellen. Das schwarze schlängelnde Tier, Johns Schrei und sein Tod stehen für sie in einer ursächlichen Beziehung. Entscheidend ist in diesem Zusammenhang übrigens, dass die Affen aus Schrei und Mimik, wahrscheinlich auch aus der Körperhaltung auf die Befindlichkeit von John schließen können und damit so etwas wie Empathie empfinden. Deshalb ist ihnen klar, dass es ihnen bei einem Schlangenbiss ähnlich ginge. Aus diesem Grund ist es ein Gebot der Klugheit, Kobras zu meiden und im Interesse der anderen auch vor ihnen zu warnen! Kriecht wieder eine Schlange durchs Gras, gibt es ein mörderisches Gezeter, das Gefahr signalisiert. Auch Tiere, die nicht gesehen haben, wie John gebissen wurde, assoziieren die Schlange mit Gefahr und profitieren durch diese Form der

Kommunikation von einer Erfahrung, bei der sie selbst gar nicht zugegen waren!

Diese Form der Erfahrungsbildung ist beeindruckend, aber trotzdem noch zu verbessern. Es gibt in mehrfacher Weise einen Synchronisationszwang, der ihre Anwendbarkeit einschränkt. Damit bestimmte Erfahrungen tradiert werden können, müssen unter den gegebenen Umständen immer wissende und unwissende Tiere im rechten Augenblick beieinander sein: Die Schlange kriecht durchs Gras. Ein wissendes Tier warnt ein unwissendes Tier, das die negative evozierte Emotion mit der Schlange assoziiert. Fehlt die Schlange oder das wissende Tier, dann funktioniert diese Form der Erfahrungsbildung nicht.

Jetzt machen wir einen Schwenk zu uns Menschen! Eine Mutter will ihr Kind vor einem giftigen Tier warnen. Das kann sie natürlich genauso machen wie die Affen: durch Anschauung. Die Mutter zeigt auf das Tier und spricht mit warnender, eindringlicher Stimme. Sie kann auf die Gefahr aber auch noch ganz anders hinweisen: »Pass auf! Wenn du im Gras eine schwarze Schlange siehst, die einen ganz breiten Hals bekommt, wenn sie den Kopf hebt, dann bleib ruhig stehen! Du darfst sie nicht erschrecken. Geh ganz langsam zurück und lauf erst, wenn du in sicherer Entfernung bist! Diese Schlange ist sehr gefährlich. Sie heißt Kobra.« Darüber hinaus könnte sie das Tier auch malen oder ein Modell des Tieres formen! Oder das Tier filmen und den Film dann vorführen …

Das ist in der Summe ein echter Quantensprung! Leider ist uns dieses Vorgehen so vertraut und selbstverständlich, dass wir vergessen, wie tiefgreifend anders diese Form der Erfahrungsvermittlung ist und welche raffinierten sensomotorischen Werkzeuge vorhanden sein müssen, damit diese überhaupt möglich ist.

Denken wir kurz über die gesprochene Sprache nach! Durch die Magie der Worte ist der Synchronisationszwang nicht mehr der gleiche wie bei den Schimpansen. Lehrender, Lernender und Gegenstand der Unterhaltung müssen nicht mehr im *selben Moment* beieinander sein. Es reicht, wenn ein Erzähler einem Zuhörer die Szenerie bildhaft beschreibt und sich dieser eine *Vorstellung* machen kann. Damit wird ein viel größerer Erfahrungsraum – nämlich der einer menschlichen Gemeinschaft, deren Mitglieder miteinander sprechen – für die individuelle Zukunft verfügbar. Das ist für die Anpassungsfähigkeit ein ungeheurer Vorteil! Wir können von dem Wissen all derer profitieren, die mit offenen Augen und Ohren durch die Welt laufen und gelaufen sind.

Aber auch diese Erfahrungsvermittlung ist noch zu verbessern. Wir befinden uns nämlich erst auf dem Niveau des Geschichtenerzählers. In wissenden Personen bündelt sich die Erfahrung von Generationen. Kein Wunder, dass früher alten Menschen, die zu erzählen wussten, großer Respekt entgegengebracht wurde. Sie waren die Hüter und Vermittler des Wissens. Problematisch wird es, wenn die Kette der Wissensvermittlung abbricht, wenn etwa ein Geschichtenerzähler stirbt, bevor er seinen Nachfolger eingeweiht hat.

Dieses Problem löst sich erst mit der »Erfindung« der Schrift. Der Leser wird unabhängig von der persönlichen Anwesenheit des Erzählers. Maßgeblich ist nur noch, ob die Texte verfügbar sind und der Leser in der Lage ist, sie zu verstehen. Zu Zeiten, als diese in Klosterbibliotheken gehortet wurden, war das keine Selbstverständlichkeit. Die Revolution begann mit dem Buchdruck, der Verwendung allgemein verständlicher Sprachen und der Möglichkeit, die Welt zu bereisen. So verbreitete sich die verfügbare Information wie ein Virus über den Globus. Das heutige Internet ist der Höhepunkt dieser Entwicklung. Myriaden von Texten lassen sich binnen von Sekunden abrufen. Und das ist noch nicht alles. Unsere Augen und Ohren scheinen nicht mehr nur in unserem Kopf zu sitzen. Überall, wo eine Kamera mitläuft oder ein Mikrofon Klänge aufzeichnet, können wir »zugegen« sein, wenn die Informationen digitalisiert ins Netz gestellt werden und uns mit Lichtgeschwindigkeit erreichen. Kein Wunder, dass allmählich in Vergessenheit gerät, dass man noch zu Beginn des letzten Jahrhunderts dorthin reisen musste, wo die Musik gespielt wurde. Und das Einzige, was von diesen raren Momenten blieb, war die Erinnerung. Unvorstellbar auch, dass nur reiche Leute ein Bild von sich selbst oder ihren Liebsten besaßen. Könige, Päpste, Fürsten und reiche Kaufleute konnten es sich leisten, ein Porträt malen zu lassen, die anderen nicht. Das änderte sich mit dem Aufkommen der billigeren Fotografie. Heute dokumentieren Milliarden Menschen im Minutentakt in den sozialen Netzen, was sie wie mit wem wo alles machen.

…te, Filme, Fotos, Tonaufnahmen – wir scheinen heute …n der Lage zu sein, bei unseren Entscheidungen auf einen Großteil des Weltwissens, das digitalisiert worden ist, zurückgreifen zu können. Wir sehen mit Milliarden Augen und hören mit Milliarden Ohren – theoretisch zumindest. Und die universellen Schnittstellen zu dieser »Bibliothek von Babel« sind Smartphone und Computer.

Wer möchte neugierigen Kindern also verübeln, dass ihnen diese magischen Maschinen wichtiger geworden sind als die Großmutter. Es ist kein Wunder, dass das »Jesus-Phone« von Apple die alten Geschichtenerzähler am Kachelofen ablöst.

Leider hat diese vordergründig verführerische Tatsache eine Schattenseite: Weder Smartphone noch Computer besitzen eine Mimik oder Gestik. Sie senken und heben nicht die Stimme, schauen nicht eindringlich oder ermunternd, werten und warnen nicht, so wie es ein wissender Erzähler tut. Ihnen sind die menschlichen Bedürfnisse ihrer arglosen Benutzer fremd und gleichgültig. Den kolossalen Datenstrom zu werten und zu gewichten bleibt die Herkulesaufgabe des Konsumenten. Und weil er als Informations-Ess-Brech-Süchtiger in einem Meer von Daten ertrinkt, das er nur auf dem Papier zu seinem Vorteil nutzen könnte, überträgt er diese Aufgabe Wissensmonopolen wie Google, die sich nicht nur eine goldene Nase verdienen, sondern vehement ihre in der Geschichte einzigartige Machtposition zementieren. Sie sind die Tempelwächter eines aus den Fugen geratenen Informationszeitalters.

Trotz der Fragwürdigkeit dieses Zustands und der totalen Andersartigkeit unserer Zeit stellt sich heute wie vor tausend Jahren aber immer wieder noch die gleiche, alles entscheidende Frage: *Wie werden Kinder in der Welt des Wissens heimisch?* Welche Werkzeuge müssen sie entwickeln, um in der Lage zu sein, vom Erfahrungsschatz der menschlichen Gemeinschaft zu profitieren und damit eine ungeheure Anpassungsfähigkeit zu entwickeln? Bitte machen Sie sich einen Augenblick klar, was diese Frage bedeutet! Wie flexibel muss ein Gehirn funktionieren, das es einem Eskimokind erlaubt, in einer Eiswüste zu überleben, einem Kind eines Indios in der grünen Hölle des Amazonas oder unseren Kindern in einer fast körperlosen Welt des World Wide Web, in der die Daten mit Lichtgeschwindigkeit durch die Glasfaserkabel schießen?

Werkzeugkasten für die Welt des Wissens

Wir tauschen jetzt die unscharfe Brille, durch die Arnold Gehlen die Welt der Kinder sah, mit einem schärferen Glas. Wir stellen uns die Frage, was Kinder für einen »Werkzeugkasten« entwickeln müssen, um in der Welt des Wissens heimisch zu werden. Gleichzeitig versuchen wir ein Gefühl für die abgründige Komplexität dieser Werkzeuge zu entwickeln.

Werfen wir einen ersten noch unbedarften Blick auf die Entwicklung kleiner Kinder! Was sehen wir? Sie verwenden viel Energie darauf, laufen zu lernen, irgendwann fangen sie an zu brabbeln, Sprache zu verstehen und selbst zu sprechen. Sie nehmen ununterbrochen alles in die Hand und in den Mund. Sie treten mit den Menschen in einen Dialog, dessen Mittel Sprache und Körpersprache sind. Und sie beginnen, am Anfang ungeschickt, dann später immer behänder, Menschen nachzuahmen. Ist das eigentlich etwas Besonderes? Und warum brauchen sie so viel Zeit dafür?

Darauf gibt es zwei Antworten. Zum einen sind die Dinge, die gelernt werden müssen, tatsächlich extrem anspruchsvoll, auch im Vergleich mit besagtem Flug des Albatros oder den Kletterkünsten der Affen. Des Weiteren ist es Teil evolutionärer Raffinesse, dass sich die anspruchsvollen sensomotorischen Programme erst in *Wechselwirkung mit den spezifischen Lebensumwelten* entwickeln! Damit ist gewährleistet, dass sich Kinder verschiedenster Kulturen allen Lebensräumen anpassen können. Menschliche Kinder dürfen gar keine Frühentwickler sein!

Sind diese menschlichen Fertigkeiten wirklich so kompliziert, wie ich behaupte? Um diese Frage zu beantworten, gibt es einen ganz einfachen Trick. Man besucht die Wissenschaftler in den fortschrittlichsten Laboratorien der Welt und prüft, ob sie in der Lage sind, Maschinen zu bauen, die Vergleichbares leisten. Dieser Test ist viel besser als unser diffuses Gefühl, ob etwas anspruchsvoll ist oder nicht. Man kann es schon fast als *erkenntnistheoretisches Paradoxon* bezeichnen, dass die Dinge, denen wir keine besondere Wertschätzung entgegenbringen, völlig vertrackt und tiefgründig sind, während Fähigkeiten, vor denen wir das Haupt beugen, weil wir sie mit höchster Intelligenz assoziieren, vergleichsweise leicht nachgeahmt werden können. Ein Beispiel gefällig? Was ist Ihrer Meinung nach anspruchsvoller?

Mit Daumen und Zeigefinger im Dunklen den Hosenknopf zu finden und ihn mit einer geschickten Bewegung zu öffnen oder Schach auf Großmeisterniveau zu spielen?

Garry Kasparow, der stärkste Schachspieler aller Zeiten, kann heute nicht mehr gegen die besten Schachcomputer gewinnen. Der Schachgroßmeister, der Inbegriff des analytischen Intellektuellen, hat gegen die Zahlenfresser unserer Zeit keine Chance. Und es wird bei der steten Zunahme der Rechnerleistung nicht mehr lange dauern, bis Computer im Westentaschenformat die besten Spieler dieser Erde schlagen.

Aber gibt es einen Roboter, der unter allen Umständen eine so banale Tätigkeit ausführt, wie den Hosenknopf im Dunklen zu finden und diesen in Sekundenschnelle zu öffnen? Fehlanzeige! Und in vergleichbarer Weise sind gerade die scheinbar selbstverständlichen Fertigkeiten, die kleine Kinder mit einer ungeheuren Beharrlichkeit lernen, die eigentlichen Geheimwaffen im evolutionären Arsenal des Menschen!

Beginnen wir also mit dem Laufen auf zwei Beinen, das so umständlich beginnt und wie keine andere Fertigkeit sinnbildlich für das Lernen ist: Wer Laufen möchte, darf keine Angst vor dem Fallen haben! Tausendmal hat jeder von uns auf dem Hosenboden gesessen, bis er endlich stand, um sich anfänglich vorsichtig und dann immer sicherer auf zwei Beinen zu bewegen. Diese stockende, umständliche Entwicklung wird nachvollziehbar, wenn man weiß, dass menschliches Gehen und Laufen Paradebeispiele raffinierter Steuerungskunst sind. Der Körper fällt immer ein wenig nach vorne, bevor er genau im richtigen Moment aufgefangen wird. Wie das menschliche Gehirn diesen tänzerischen Balanceakt meistert, ist nicht völlig verstanden und deshalb verwundert es nicht, dass es keinen Roboter gibt, der auch nur entfernt Ähnliches leistet. Von einer Maschine, die wie ein kleines russisches Mädchen 40 Pirouetten am Stück dreht oder wie die Kinder in der Pekingoper Schraubensalti springt, wollen wir hier gar nicht reden.

Der aufrechte Gang ist auch im angesprochenen evolutionären Kontext bemerkenswert. Man kann davon ausgehen, dass erst durch ihn die spezielle menschliche Entwicklung möglich wurde. Deshalb wäre es eigentlich einmal an der Zeit, ein Loblied auf die besonderen anatomischen Gegebenheiten zu singen, die das Stehen, Gehen und Laufen möglich machen. Wir haben einen elastischen Fuß, ein besonders robustes Knie, eine elegant s-förmig geschwungene Wirbelsäule und einen außergewöhnlichen Hintern. Zumindest Letzterer hat früher auch außerhalb der Partnerwahl eine gewisse Wertschätzung erhalten: Wenn im Allgäu vor einigen hundert Jahren die Gewitter in den Bergen donnerten, meinten die Menschen, dass der Teufel am Werke war. Deshalb zogen sie die Hosen runter oder hoben die Röcke und streckten den nackten Hintern zum Fenster heraus, um den Finsterling zu verscheuchen. Hinter dem seltsam anmutenden Brauch versteckt sich eine genaue anatomische Beobachtung: Wir Menschen sind die einzigen Primaten, die einen schönen runden Hintern haben. Dieser starke Muskel hilft uns, aufrecht stehen zu können. Das Gesäß von Schimpansen, Gorillas oder Orang-Utans dagegen ist flach. Da man sich den Teufel mit tierischem Gesäß vorstellte – dem eines Bocks –, war klar, dass dieses ebenfalls abgeflacht sein musste. So wollten die Bergbauern den Satan in die Flucht schlagen, indem sie ihn an seine eigene Unzulänglichkeit erinnerten.

Entscheidend ist der Hintern natürlich nicht als Mittel der Teufelsvertreibung, sondern als eine von mehreren Besonderheiten, die das aufrechte Stehen und Gehen ermöglichen. Das hat für den Menschen radikale Konsequenzen.

Von der Stützarbeit auf dem Boden entbunden, sind die Arme frei. Dadurch kann der Mensch seine Hände im Sichtfeld seiner Augen bewegen. Dieser Umstand bedingt die einmalige Verbindung von Hand und Hirn.

Des Weiteren ist der Mensch für alle anderen Menschen in voller Größe auch von seiner Bauchseite sichtbar. Damit wird seine Vorderseite zu einer Kommunikationsfläche. In diesem Zusammenhang erhält das Gesicht seine herausragende Bedeutung. Eine komplexe Gesichtsmuskulatur macht unsere Gefühle für andere sichtbar, wobei einige Besonderheiten ins Auge fallen. Der Mensch ist das Wesen, das weinen kann. Das Fließen der Tränen ist mit starken Gefühlen verbunden, meistens Trauer, manchmal auch Freude. Auch das Spiel der deutlich sichtbaren Augenbrauen lässt tief in unser Inneres blicken. In der Summe kommunizieren wir deshalb nicht nur über die gesprochene Sprache. Alle Worte werden von einer teils subtilen Mimik und Gestik begleitet. Diese Körpersprache signalisiert dem Gesprächspartner – größtenteils unbewusst –, wie wir uns fühlen und in welcher Beziehung wir zu ihm stehen. Das Deuten der Körpersprache ist, wie wir noch sehen werden, gerade für die Mutter-Kind-Beziehung essenziell und geht dem Erlernen der Lautsprache in Teilen voraus.

Es muss auch noch erwähnt werden, dass das Laufen auf zwei Beinen ziemlich effizient ist. Mit Ausnahme des Wolfes läuft kein Säugetier so ausdauernd wie der Mensch.

Vor diesem Hintergrund ist es nicht erstaunlich, dass kleine Kalahari-Buschmänner problemlos eine Giraffe zu Tode hetzen können, indem sie ihr einfach stundenlang hinterherrennen, bis sie erschöpft zusammenbricht. Außerdem kennt jeder Militärhistoriker den Satz »Infanterie schlägt Kavallerie«. Auf langen Strecken ist der zügig gehende Mensch selbst den Pferden überlegen, die wegen ihres ineffizienten Verdauungssystems häufig Pausen einlegen müssen.

Dass Gehen, Laufen, Springen und Hüpfen auf einem Bein keine trivialen motorischen Tätigkeiten sind, ist einigermaßen augenfällig. Es gibt beim Menschen aber auch noch eine verborgene, inwendige Motorik, die ihresgleichen sucht. Man kommt ihr auf die Spur, wenn man im Gehirn untersucht, wie groß die Areale sind, die bestimmte Bewegungen steuern. Dabei gibt es zwei merkwürdige Absonderlichkeiten. Die Hände und die Lippen benötigen im sogenannten sensomotorischen Kortex den meisten Platz. Und tatsächlich sind die koordinativen Leistungen, die der Mensch mit Lippen und Händen vollbringt, ungewöhnlich. Beim Sprechen und Singen, aber auch beim Schlagen, Werfen oder Klavierspielen ist eine Genauigkeit vonnöten, die sich im Bereich vom tausendsten Teil einer Sekunde bewegt. Das ist weit weniger als der sprichwörtliche Wimpernschlag. Diese Systeme brauchen viel Zeit zur Reifung, da das neurologische Feintuning sehr kompliziert und aufwendig ist.

Es ist offenkundig, dass Handgebrauch und Lautbildung notwendige Werkzeuge für die Welt des Wissens sind. Ohne geschickte Hände wären wir nicht in der Lage nachzumachen, was andere uns zeigen, und ohne hoch entwickelten Stimmapparat hätte sich keine Lautsprache entwickeln können.

Auf zwei Beinen zu laufen, geschickt mit seinen Händen umzugehen, mit seinem Mund fast jeden beliebigen Laut formen zu können: das sind *motorische Fertigkeiten,* die in der Summe von keinem Tier erreicht werden. Deshalb könnte man den Homo sapiens, das mag erstaunlich klingen, mit gutem Gewissen auch als Homo motoricus bezeichnen. Leider erfahren diese Tätigkeiten im Allgemeinen wenig Wertschätzung, da sie für uns so alltäglich sind, dass wir ihre Alltäglichkeit mit Banalität verwechseln. Das gilt allerdings nicht für die Menschen, die sich beruflich mit deren Analyse befassen. Diese kommen aus dem Staunen nicht heraus und zeichnen sich durch größte Bescheidenheit aus. Tatsächlich liegt noch vieles im Dunkeln. Dass ein anmutig laufender Roboter Zukunftsmusik ist, sagte ich bereits. Auch anspruchsvolles Fingerspiel entzieht sich weiterhin der exakten Analyse. Bis vor kurzem war nicht einmal klar, was anatomisch genau passiert, wenn wir einen Finger krumm machen. Ähnlich geheimnisvoll sind bestimmte Aspekte der Lautbildung. Immerhin weiß man jetzt, dass bei professionellen Sängern die Stimmlippen mehr als tausendmal in der Sekunde schwingen können und bei diesem Parforceritt im Laufe eines Tages eine Strecke von mehreren Kilometern zurücklegen. Um das herauszubekommen, hat man den Künstlern ein Endoskop in den Hals geschoben, während sie sangen.

Aber das Rätselraten geht noch weiter. Gehen, seine Hände benutzen, Töne erzeugen und verstehen – das sind erst einmal nur basale Fertigkeiten für die Menschen, grundlegende Werkzeuge für die Welt des Wissens. Aber Töne alleine machen noch keine Sprache, mit den Fingern geschickt zu sein bedeutet noch nicht, dass der Lehrling in der Lage ist, dem Meister nachzueifern. Die verschiedenen sensomotorischen Fertigkeiten bleiben in der kindlichen Entwicklung nicht isoliert. Sie treten miteinander in Wechselwirkung, weitere kommen hinzu und damit vergrößert sich die Komplexität noch weiter.

Das sei an dem Beispiel der vermeintlich einfachen Zeigegeste, mit der wir einen anderen auf etwas aufmerksam machen, demonstriert. Auch diese wird zu Unrecht für banal gehalten. Ein Fehler. Das Außergewöhnliche an dieser für uns so geläufigen Handlung ist, dass wir eine spezielle *Absicht* mit dieser Bewegung verbinden. Ja und? Voraussetzung für die Vermittlung dieser Absicht ist jedoch ein ziemlich spezielles Wissen: das Wissen, dass der andere weiß, was wir meinen! Ich weiß, dass du weißt, was ich weiß …

Zwei Frauen beieinander, die eine zeigt unauffällig auf eine dritte. Der anderen ist sofort klar, was das bedeutet. Ihr Gesicht signalisiert Ekel: »Mein Gott – schau dir die an – ist die wieder grauenvoll frisiert!« Überlegen Sie bitte, wie viel unausgesprochenes Vorverständnis da sein muss, damit das eine Lästermaul versteht, was das andere meint!

Zum Ersten eint die Damen ein ausgeprägtes Interesse an Frisuren. Offensichtlich sind sie in langen Gesprächen auch zu einer Übereinkunft gekommen, welche Art von

Haarpracht ihnen gefällt und welche nicht. Sie müssen natürlich auch wissen, dass sie beide genau über dieses Wissen verfügen. Andernfalls würde die Zeigegeste keinen Sinn ergeben. Damit schafft das Wissen über das gemeinsame Wissen einen speziellen semantischen Referenzrahmen, in dem die Zeigegeste erst richtig interpretiert werden kann. Wenn eine der Frauen auf die grausam Frisierte zeigt und der Kommunikationspartner ist nicht die lästernde Freundin, sondern ihr Mann, der sich nicht für Frisuren, sondern für Allwetter-Funktionsbekleidung interessiert, dann ist der Referenzrahmen ein anderer. Ihr Mann weiß, dass sie weiß, wofür er sich interessiert, und wird deshalb mit einigem Recht vermuten, dass seine Frau ihn nicht auf die hochtoupierten Haare, sondern auf die rosa-violette Goretex-Jacke der Dame hinweisen möchte. Wenn er aber in Rechnung stellt, dass seine Frau lieber über Dinge spricht, die sie beschäftigen, und weiß, dass sie sein Interesse für Outdoor-Mode lächerlich findet, dann ändert sich der Referenzrahmen wieder, und es geht wohl doch um die Haare, was der Mann etwas beleidigt zur Kenntnis nimmt.

Wir sehen deshalb schon auf der Ebene der Zeigegesten, wie komplex und tiefgründig menschliche Kommunikation ist. Mit jedem Menschen verbinden uns individuelle Erfahrungen, und diese müssen uns bewusst sein, damit Kommunikation den Sinn bekommt, den wir beabsichtigen.

Vor diesem Hintergrund ist es nicht erstaunlich, dass Tiere mit dieser Komplexität einer alltäglichen menschlichen Handlung überfordert sind. Selbst Schimpansen sind nicht in der Lage, Zielsetzungen, die dem Zeigen in der menschlichen Kommunikation zugrunde liegen, richtig zu *interpretieren*. Sie sind dem Ich-weiß-dass-du-weißt-was-ich-weiß-Spiel nicht gewachsen. Deshalb zeigen Affenbabys auch nicht. Und wenn Sie einem klugen erwachsenen Schimpansen etwas zeigen wollen, dann erahnt er Ihre Absichten nicht. Er sitzt nur da und guckt Ihnen verständnislos ins Gesicht. Er weiß nicht, was das Ganze soll. Seine Augen folgen nicht der Richtung, in der Sie zeigen. Es ist ihm unmöglich, in Ihre Haut zu schlüpfen und die Welt mit Ihren Augen zu sehen. Ganz im Gegensatz zu menschlichen Kleinkindern, die permanent auf alles deuten und gleichzeitig ihre Aufmerksamkeit dem zuwenden, was andere bezeigen. Das ist für sie das Selbstverständlichste auf der Welt.

An dieser Stelle müssen wir noch kurz erwähnen, dass es eine einzige Tierart gibt, die Zeigegesten nicht völlig hilflos gegenübersteht, obwohl man ihre Vertreter für weniger intelligent hält als Menschenaffen. Die Rede ist von den Hunden, die offensichtlich ein rudimentäres Verständnis erworben haben, was der Mensch meint, wenn er zeigt. Kluge Hunde schauen in die Richtung des Fingers und ahnen, was die wortlose Aufforderung bedeutet. Diese Fähigkeit der Hunde ist faszinierend. An evolutionären Maßstäben gemessen leben Mensch und Hund nämlich noch nicht lange in Koexistenz. Trotzdem hat offensichtlich eine evolutionäre Anpassung auf der Verhaltensebene stattgefunden, die sich einer veränderten genetischen Codierung verdanken muss. Wölfe, die Stammväter der Hunde, verhalten sich nämlich genauso unbeholfen wie Affen. In diesem Zusammenhang sehen wir der Evolution bei der Arbeit zu und man darf gespannt sein, was die Forschung zu diesem Thema in den nächsten Jahren für Erkenntnisse liefern wird. Es ist das besondere Verdienst von Michael Tomasello – Max Planck-Direktor für Evolutionäre Anthropologie in Leipzig –, die Komplexität der Zeigegesten in seinen Büchern ausdauernd zu thematisieren. Er ist zudem der festen Überzeugung, dass diese Gesten die Grundlage der Lautsprache sind.

Wenn es schon nicht einfach ist, die vielen kommunikativen Ebenen offenzulegen, die dem Zeigen zugrunde liegen, um wie viel schwieriger ist es, zu verstehen, was Sprache eigentlich ist, vor allem, wie sie beim Menschen entsteht und funktioniert?

Bis zum heutigen Tage ist die menschliche Sprache das große ungelöste Rätsel unserer Zeit. Seit tausenden von Jahren streiten Philosophen und Wissenschaftler über die Bedeutung der Bedeutung und das Wesen der Grammatik. Für Kinder, die sich dieses Mysterium so mühelos aneignen, ist es gut, dass sie von den mit harten Bandagen geführten Disputen nichts wissen. Irgendwann sprechen sie einfach, so wie Vögel fliegen, ohne die Gesetze der Strömungsmechanik realer Gase zu reflektieren. Und nicht nur die Sprache ist ein großes Rätsel, auch das Lernen durch Beobachtung, das andere mächtige Werkzeug menschlicher Wissensvermittlung, ist von erschreckender Tiefgründigkeit.

Fassen wir kurz zusammen: In den ersten drei bis vier Lebensjahren erlernt das Kind ein Bündel sensomotorische Meisterleistungen: Das Gehen und alle anderen Bewegungsformen, die damit verbunden sind: Hüpfen, Laufen, Springen … Das Ergreifen, Fassen, Werfen und Manipulieren. Außerdem beginnt es selbst zu sprechen und andere Menschen zu verstehen. Es entwickelt eigene Gefühle und ist mehr und mehr in der Lage – wie wir gerade beim Zeigen gesehen haben –, die Gefühle und Zielsetzungen anderer Menschen nachzuempfinden. Außerdem lernt es durch Imitation, lernt Dinge nachzuahmen, die andere vormachen, und fängt selbst an vorzumachen, um andere zum Nachmachen zu animieren. Das ist in ganz, ganz kurzen Worten der Werkzeugkasten für die Welt des Wissens! Und mit der Entwicklung dieser Werkzeuge ist das Kind jeden Tag 24 Stunden lang beschäftigt.

Wie wenig versteht man von der Komplexität dieser Prozesse, wenn man glaubt, es wäre wichtig, dem zweijährigen Kind mit Hilfe von Animationsvideos oder Computerspielen auch noch die Grundlagen der Physik und Mathematik beibringen zu wollen?

In unserem Zusammenhang ist es nun entscheidend, dass wir gar nicht im Detail verstehen müssen, wie das Gehirn, in Wechselwirkung mit der Umwelt, die Feinmechanik dieser Meisterleistungen neurobiologisch zustande bringt. Wir müssen nur verstehen, *unter welchen Bedingungen* das Gehirn in dieser Sturm-und-Drang-Phase optimal lernt! Dazu brauchen wir den Kindern nicht mit Tomographen in den Kopf zu gucken. Es reicht, ihr Verhalten und ihre Strategien der Wissensaneignung ausdauernd und neugierig zu beobachten.

Die Kunst des Gehirns, sich (fast) von alleine zu formen

Laufen, Zeigen, Sprechen, Nachmachen. Das sind vertraute Stationen in der Entwicklung der Kinder mit den Augen eines Außenstehenden betrachtet. Aber unter welchen Umständen lernt das kindliche Gehirn in der Auseinandersetzung mit der Umwelt diese wichtigen Fähigkeiten? Was ist in diesem Zusammenhang wichtig und unverzichtbar? Wie genau wird das Kind heimisch in der Welt des Wissens? Wie offenbart sich in diesem Zusammenhang das Lerngenie der Kinder?

Zwei Geschichten werfen ein Licht auf diesen komplizierten Lehr- und Lernprozess. Die eine handelt von dem Jungen Viktor, die andere von dem kleinen Schimpansenmädchen Gua und ihrem Spielkameraden Donald Kellogg.

Viktor war eines der legendären »wilden Kinder«. Gab es tatsächlich Fälle, in denen ausgesetzte Kinder von Wölfen, Affen oder Löwen erzogen wurden?

Das lässt sich mit größerem zeitlichen Abstand nicht mehr sicher entscheiden. Es ist aber unbestritten, dass es Kinder gab, die sich ganz alleine im Wald durchgeschlagen haben. Der »wilde Viktor« gehörte dazu. Er lebte vor über 200 Jahren mutterseelenallein in einem Wald des französischen Distrikts Aveyron. Er hangelte splitternackt durch die Krone eines großen Baums, als er von Jägern entdeckt wurde, die ihren Augen nicht zu trauen glaubten und ihn schließlich fingen. Seine Herkunft konnte nicht sicher ermittelt werden. Seine weitere geistige Entwicklung ist aber gut dokumentiert. Er wurde wie ein Zirkustier von einem Wissenschaftler zum nächsten gereicht, die, wie es zu dieser Zeit üblich war, akribisch Buch führten. Die Gelehrten versprachen sich Einsichten in das Wesen des Urmenschen und in das Geheimnis des menschlichen Spracherwerbs. Aber die angestrengten Bemühungen fruchteten nicht. Trotz jahrelangen Unterrichts blieb Victor fast vollständig stumm und auch die sittlich-moralischen Belehrungen zeigten keine rechte Wirkung: Viktor sprang jedem Rock hinterher und liebte es, sich in der Öffentlichkeit selbst zu befriedigen.

Der in Deutschland bekannte Fall des Kaspar Hauser verlief nicht ganz so dramatisch, da dieser später schreiben, reden und lesen konnte. Dieser Umstand begründet die Vermutung, dass Kaspar Hauser erst weggeschlossen wurde, als er zumindest schon sprechen konnte. Oder er war in seinem Kerker nicht völlig ohne Ansprache. Das Schicksal des wilden Viktor erinnert deshalb eher an ein kaiserliches Menschenexperiment. Kaiser Friedrich II. wollte vor etwa 1000 Jahren wissen, ob das Erlernen der menschlichen Sprache den Kindern angeboren ist und sie deshalb die Kunst zu sprechen völlig aus sich selbst heraus entwickeln. Zu diesem Zweck ließ er Kinder völlig ohne Ansprache aufwachsen. Diese bedauernswerten Kinder begannen jedoch nicht von alleine zu sprechen. Im Gegenteil, sie gingen jämmerlich ein. Ohne Ansprache, Empathie und Bindung kann kein Kind existieren.

Diese und viele andere Fälle belegen in aller Deutlichkeit, dass Kinder neben der Bindung zu ihren Bezugspersonen beim Lernen auf andere Menschen angewiesen sind. Sie müssen in der menschlichen Gemeinschaft aufwachsen! Andernfalls droht ihnen eine *dementia ex separatione.* Aber was wird dort wie gelernt? Davon bekommt man einen Eindruck in der Geschichte von Gua und Donald.

Winthrop Niles Kellogg, ein Psychologe, der in den 30er-Jahren des letzten Jahrhunderts aktiv war, vertrat die Meinung, dass der Unterschied zwischen Schimpansen und Menschen vernachlässigbar klein sei. Das wird vordergründig durch moderne genetische Analysen bestätigt. Bis auf den Bruchteil eines Prozents scheinen die Genome der beiden Arten identisch zu sein. So könnte man meinen, dass Menschenaffen nur deshalb keine Fugen komponieren, Gedichte schreiben oder die Allgemeine Relativitätstheorie erdenken, weil sie unzureichend sozialisiert werden. Da Kellogg gerade selbst Vater geworden war und zudem ein kleines Schimpansenmädchen zur Verfügung stand, entschloss er sich zu einer beispiellosen Tat. Er wollte seinen 10 Monate alten Sohn Donald und die kleine 7 1/2-monatige Gua gemeinsam erziehen und den Affen so zum Einstein der Schimpansen machen. Aus diesem Grund plante er ein verhaltenspsychologisches Experiment, das ursprünglich das Affenbaby zum Gegenstand hatte, bis sich herausstellte, dass nicht die Entwicklung des

Äffchens interessant war, sondern die Deformationen des eigenen Kindes.

Als ernsthafter Experimentator war er darauf bedacht, vergleichbare Versuchsbedingungen zu gewährleisten. Gua sollte alles so machen wie Donald. Sie bekam die Flasche, musste Schuhe und Strampler tragen, wurde gewaschen und aufs Töpfchen gesetzt, nahm wie Donald die Mahlzeiten im Hochstuhl zu sich, schlief im Pyjama im Kinderbett und wurde genauso zärtlich behandelt wie der leibliche Sohn. Auch den aufrechten Gang hatte Gua zu lernen. Das machte am Anfang Schwierigkeiten, wurde dann aber immer besser von ihr gemeistert. Doch trotz aller Mühen und kleiner Fortschritte: Das Ergebnis war niederschmetternd. Nicht der Affe wurde zum Menschen, sondern der Mensch zum Affen!

Die Lernfortschritte waren von Kellogg sorgfältig protokolliert worden. Anfänglich lernte Gua schneller als Donald. Gemäß ihres Naturells sprang und kletterte sie wild durch die Gegend, was für Donald nicht unbedingt nachteilig war: Schon nach kurzer Zeit kletterte der Junge weit besser als seine Altersgenossen!

Auf den ersten Blick erstaunlich war, dass Gua bei Tisch auch besser mit dem Löffel umgehen konnte. Das ist im Licht neuerer Forschung aber nicht erstaunlich, denn die Steuerung der menschlichen Hand – und ihr Erlernen! – ist einzigartig. Der Mensch verfügt über Nervenbahnen, die die Hand mit dem Hirn auf kürzestmöglichem Weg verschalten und anspruchsvolle koordinative Aufgaben wie gezieltes Werfen, Schreiben oder Klavierspielen erst möglich machen. Dass dieser äußerst komplexe Mechanismus mehr Zeit braucht, um zu reifen, ist einsichtig. Zusammenfassend kann man feststellen, dass Gua anfänglich fast alles besser konnte. Donald war nur meisterlich im Nachäffen! Beim Imitieren der äffischen Kletterkunststücke war das noch vorteilhaft. Verheerend wurde es jedoch, als Donald die wenigen Worte, die er sprach, vergaß und stattdessen nur noch grunzte und schrie. Außerdem nagte er wie Gua an seinen Schuhsohlen und leckte Essensreste genüsslich vom Boden ab. So lief das Experiment völlig aus dem Ruder und Gua durfte zurück ins Gehege.

Was zeigen diese beiden Geschichten? Gerade bei den wilden Kindern sieht man in aller Deutlichkeit, dass Menschen die Gemeinschaft brauchen wie der Fisch das Wasser zum Schwimmen. Und das gilt nicht nur für Kinder. Selbst sogenannte schwerstbehinderte Locked-in-Patienten können zufrieden leben, wenn sie in Gesellschaft von Menschen sind, die ihnen beistehen. Zum Locked-in-Syndrom kommt es im Zusammenhang mit der Krankheit ALS. Der bekannteste Patient ist der Physiker Stephen Hawking. Bei dieser grausamen Krankheit büßt der Betroffene die Fähigkeit, seine Muskeln zu gebrauchen, vollständig ein. Zum Schluss kann er nicht einmal mehr seine Augen bewegen. Diese vertrocknen in den Höhlen. Übrig bleibt ein funktionierendes Gehirn, das in einem bewegungslosen Körper eingesperrt ist. Dem Tübinger Psychologen Niels Birbaumer ist es gelungen, mit diesen Menschen in Kontakt zu treten, indem er sie schulte, ihre Gehirnwellen bewusst zu verändern. Diese Veränderung kann man mit empfindlichen Instrumenten messen. Da die Patienten noch in der Lage sind zu hören, kann man mit ihnen, sofern man sich auf Ja-nein-Fragen beschränkt, in einer rudimentären Weise kommunizieren. Das erstaunliche Ergebnis: Fast alle Patienten, die in Gemeinschaft von Menschen waren, die sich um sie kümmerten, beantworteten die Frage, ob sie ihr Leben für lebenswert hielten, mit einem deutlichen Ja.

Dass der Mensch Gemeinschaft braucht, mag sich wie eine Trivialität anhören. Richtig. Trotzdem stellt sich die Frage, warum diese Trivialität, besonders in den Städten, immer seltener gelebt wird. Die sogenannte Wohlstandsverwahrlosung ist ja keine Erfindung der Medien. Kinder werden zuhause vor dem Fernseher geparkt oder mit Computern und Videospielen befriedet. Warmes Essen können sie sich im Schnellrestaurant kaufen. Die Eltern sind bei der Arbeit. Millionen geschlechtsreife Menschen verbringen ihre Zeit in den Kontaktbörsen des World Wide Web, anstatt auf die Straße zu gehen und mit anderen Menschen zu sprechen. Und am Ende des Lebens stieren alte Menschen in ihrer zum Käfig gewordenen Wohnung einsam die Wand an. Als einziger Sozialkontakt bleibt oft der Arztbesuch.

Besonders für Kinder ist Gemeinschaft essenziell. Natürlich als ein Ort, an dem sie sich geborgen fühlen. Aber eben auch als der Ort, an dem sie in geschützter Atmosphäre lernen und ihre Fertigkeiten entwickeln können. Die angesprochenen Werkzeuge für die Welt des Wissens, die es dem Kind ermöglichen, aktiver Teil einer menschlichen Gemeinschaft zu werden, entwickeln sich dabei immer in intensiver Auseinandersetzung mit ebendieser Gemeinschaft. In diesem Zusammenhang ist das kindliche Bedürfnis, am kollektiven Wissen der Gemeinschaft teilzuhaben, genetisch bedingt. Das Kind hat von Geburt an eine stark ausgeprägte *Erfahrungserwartung*. Und diese Erfahrungserwartung folgt einer bestimmten Dramaturgie. Es gibt bestimmte Zeitfenster für bestimmte Fertigkeiten, die sich öffnen und irgendwann auch wieder schließen. In diesen sogenannten sensiblen Phasen ist das Kind bereit, das Sehen zu lernen, das Hören, das Laufen und Bewegen, das Sprechen, das Einfühlen … Wird der rechte Zeitpunkt zum Erlernen elementarer Fähigkeiten verpasst, lässt sich der Rückstand nur mit größten Anstrengungen, manchmal auch gar nicht mehr kompensieren. Kinder, die in einer bestimmten Phase nicht sehen können, bleiben gehirnblind. Die, die keine Sprache gelernt haben, lernen auch später nicht zu sprechen. Vergleichbar verhält es sich mit bestimmten motorischen und emotionalen Fähigkeiten. Was ist die Aufgabe des Umfelds in diesem Zusammenhang?

Die Lernprozesse sind dynamische Wechselwirkungsgeflechte! Das kindliche Gehirn organisiert sich beinahe von alleine, es braucht aber im rechten Moment den rechten Input, damit es sich an die Welt anpassen kann. Auf der einen Seite ist also das lernbereite, neugierige, ausdauernd probierende und übende Kind, auf der anderen Seite sind die Menschen, die sich um das Kind kümmern – die dafür sorgen, dass es etwas zu sehen und zu hören gibt, die dem Kind die Möglichkeit geben, sich zu bewegen, die mit dem Kind sprechen, Spiele spielen … Und in diesem Zusammenhang sind Eltern oder Erzieher immer auch Vorbild. Wir sahen ja, dass das Kind genetisch darauf angelegt ist, genau die Fertigkeiten und Erfahrungen zu erwerben, die es der Gemeinschaft, in die es hineingeboren wurde, erlauben, in ihrem Lebensraum zu überleben. Das kann man etwas überspitzt in die Form eines Paradoxons kleiden: Kinder sind genetisch determiniert, nicht genetisch determiniert zu sein. Sie sind genetisch festgelegt, offen und aufnahmefähig zu sein. Genau deshalb sind Kinder unschlagbare Imitationskünstler. Das wird in der verrückten Geschichte von Donald und Gua überdeutlich. Wir sehen, wie wichtig die »Bezugspersonen« sind. Ist die wichtigste Bezugsperson ein Affe, wird das Kind zum Affen.

Deshalb müssen die engen Bezugspersonen gerade in den sensiblen Lernphasen Verantwortung übernehmen, damit Kinder die angesprochenen Werkzeuge für die Welt des Wissens erwerben können. Das ist allerdings kein Hexenwerk. Eigentlich ist es die natürlichste und einfachste Sache der Welt.

Die semantische Nabelschnur

Die Einbettung des Kindes in das kommunikative Netz der Gemeinschaft beginnt unmittelbar nach der Geburt. Nachdem das Kind abgenabelt ist, atmet es selbst und hat einen eigenen, autonomen Kreislauf. Es ist jetzt darauf angewiesen, gefüttert zu werden, braucht einen warmen Schlafplatz und muss beschützt werden. Diese Form der Abhängigkeit des Kindes von seinem direkten Umfeld ist offensichtlich. Aber bei genauerem Hinsehen ist die Abhängigkeit noch subtiler. Zumindest in den ersten Lebensjahren gibt es eine fast schattenhafte Wechselbeziehung zwischen Kind und Umfeld, die man als »semantische Nabelschnur« bezeichnen könnte. Die »Semantik« beschäftigt sich in der Sprachwissenschaft mit der Entstehung von Bedeutung. Während die natürliche Nabelschnur dazu dient, den Fötus mit Sauerstoff und Nährstoffen zu versorgen, hat die semantische Nabelschnur den Zweck, dem Baby nach der Geburt wichtige Informationen über seinen Lebensraum zur Verfügung zu stellen, *obwohl es weder sprechen noch Sprache verstehen kann.*

Trotzdem ist es bereits in der Lage, Wichtiges aus »Gesprächen«, zum Beispiel mit der Mutter, zu lernen. Das liegt daran, dass es emotionale Färbungen erfassen kann.

Die Fähigkeiten hierzu sind teils angeboren, teils entwickeln sie sich mit dem Älterwerden.

Da wäre zum Beispiel das lebhafte Interesse von Babys für Gesichter zu nennen. Sie wissen automatisch, dass ihnen Gesichter wichtige Dinge über die Welt mitteilen. Aus diesem Grund gucken sie diese bevorzugt an, wenn sie zwischen verschiedenen Gegenständen die Wahl haben. In gewissem Umfang sind sie sogar in der Lage, den Ausdruck der Gesichter richtig zu interpretieren. Dasselbe gilt für die Stimme. Säuglinge reagieren auf eine warme, ihnen zugewandte freundliche Stimme ganz anders als auf eine barsche, laute und ärgerliche. Auch lernen sie sehr schnell, die engste Bezugsperson, also meistens die Mutter, an Stimme, Geruch und Gesicht zu erkennen. Aber sie reagieren nicht nur auf die Emotionen ihres Umfelds, sie sind selbst aktiver Teil einer »kommunikativen Schleife«. Sie zeigen Gefühle, die sich in angeborenen Gesichtsausdrücken spiegeln und wiederum der Mutter Informationen über die Befindlichkeit ihres Kindes zur Verfügung stellen. Selbst blind geborene Kinder zeigen in ihrer Mimik unverkennbar Freude, Ekel, Ärger und Wut. Damit gibt es einen Lernkreis, der es dem Kind schon unmittelbar nach der Geburt erlaubt, vom Erfahrungsschatz seines Umfelds zu profitieren. Denn kaum auf der Welt, ist das Kind neugierig und explorativ.

Aus der Säuglingsforschung ist bekannt, dass Kinder Dinge lieben, die sie nicht kennen. Hören sie unbekannte Geräusche, versuchen sie die Quelle ins Auge zu fassen. Kaum sind sie in der Lage, den Kopf auf dem Hals zu balancieren, schauen sie überall hin, wo es etwas zu entdecken gibt. Und wenn sie die Wahl haben zwischen etwas Neuem und Unbekanntem und etwas, das sie schon oft gesehen haben, dann bevorzugen sie immer das Unbekannte. Woher weiß man das? Man misst die Verweildauer des Blicks. Neue interessante Dinge werden länger angeschaut.

Man mag sich auch wundern, dass Mütter permanent mit ihren Kindern sprechen, obwohl sie ja augenscheinlich noch nichts verstehen. Das ist halb richtig und halb falsch. Der abstrakte Teil der Wortbedeutung bleibt ihnen vorerst verschlossen. Das gilt aber nicht für emotionale Konnotationen, die vor allen Dingen stimmlich vermittelt werden. Und aus diesen Konnotationen lässt sich für das Kind erschließen, ob der Gegenstand des Interesses gefährlich ist oder nicht. Dieses Wertungswissen wird überlebenswichtig, wenn das Kind beginnt, sich im Raum zu bewegen. Denn nun wird es gefährlich. Die Eltern können die Kleinen kaum noch aus den Augen lassen. Die Wohnung wird kindersicher gemacht, denn die Sprösslinge stecken die Finger gerne in Steckdosen, verschlucken Schlüssel, trinken Haushaltsreiniger, fallen steile Treppen hinunter oder ziehen einen Topf mit kochendem Wasser von der Kochplatte. In einem für Außenstehende erratisch anmutenden Prozess der Weltaneignung sind die Eltern jetzt permanent gefordert, das Tun ihres Kindes zu bewerten. Und die Kinder sind auf Menschen angewiesen, die sich um sie kümmern.

»Ja, das Bonbon ist lecker. Das darfst du in den Mund stecken.«

»Finger weg, von der Steckdose!« »Gib mir sofort die Schere!« »Halt dich am Geländer fest, wenn du die Treppe runterläufst.« Dieses kommentierende Sprechen ist sehr wichtig und funktioniert, da die menschliche Stimme eben nicht nur abstrakte Wortbedeutungen, sondern *Stimmungen* überträgt. Und diese Stimmungen assoziiert das Kind mit seinen forschenden Handlungen.

Machen Sie sich einmal klar, wie eng »Stimme« und »Stimmung« miteinander verbunden sind und in welch faszinierender Weise diese Wechselbeziehung im Deutschen ihren Niederschlag in der Sprache findet. Denken Sie nur über die folgenden Worte nach: »stimmen« – »stimmig« – »bestimmen« – »verstimmen« – »unbestimmt« – »missgestimmt« – »überstimmen« – »mit fester Stimme« – »gehobene Stimmung« – »Stimmungswechsel« und und und …

Vor diesem Hintergrund nutzen Kinder die Stimmungen, um emotionale Bedeutsamkeit für sich zu erschließen, obwohl sie die Sätze nicht vollständig verstehen. Das hat Anne Fernald in einer Reihe ausgeklügelter Experimente nachgewiesen. Mütter zeigten acht Monate alten Kindern ein attraktives Spielzeug, das sie, neugierig wie sie sind, sehr gerne in die Hand genommen hätten. Aber die Übergabe wurde kommentiert. Die Mütter sagten entweder: »Yes, good boy« oder »No, don't touch«. Jetzt kommt der Trick. Jeder Satz wurde einmal mit einem weichen, zärtlichen Tonfall geäußert oder aber mit einem scharfen, verbietenden. Die Säuglinge spielten mit dem Spielzeug viel ausgiebiger, wenn der Tonfall zärtlich war, völlig unabhängig davon, was die Mutter sagte.

Die Choreographie des Lernens

Das kindliche Lernen wirkt für Außenstehende fast zufällig, obwohl es bei Licht besehen einem evolutionären Masterplan folgt. Um diesen Plan zu verstehen, kommen wir etwas ausführlicher auf die angesprochenen sensiblen Phasen zu sprechen.

Wie angedeutet, läuft in jedem von uns eine evolutionär gestellte Uhr, die vorgibt, wann unser Gehirn für bestimmte Eindrücke besonders empfänglich ist: Es gibt eine Zeit, das Sehen zu lernen, das Hören, das Bewegen, das Sprechen, das soziale Miteinander, ja wahrscheinlich sogar eine Zeit, um aus einer Fülle von Weltbildern ein passendes auszusuchen. Woher weiß man das? Ein trauriges Phänomen haben wir bereits angesprochen. Die geschichtlichen Berichte über die wilden Kinder. Wenn sie zu einem bestimmten Zeitpunkt nicht gelernt hatten zu sprechen, lernten sie es auch später nicht. Auch Motorik und ihr Sozialverhalten blieben eingeschränkt. Leider gibt es auch ein schreckliches Beispiel aus unserer Zeit, das diese Sachverhalte in aller Deutlichkeit offenbart. Zu Zeiten der Ceauşescu-Diktatur wurden in Rumänien Kinder, deren Eltern sich nicht in der Lage sahen, sie zu ernähren, in Heimen interniert. In diesen Heimen war es dem Personal unter Strafe verboten, mit den Kindern zu reden. Als nach dem Fall des Regimes Außenstehende Zugang zu diesen Heimen hatten, bot sich ihnen ein Bild des Grauens. Die Kleinen konnten nicht reden und waren völlig verwahrlost. In einer beispiellosen Aktion versuchte man, die Unglücklichen zu resozialisieren. Viele Kinder wurden adoptiert und die Pflegefamilien bemühten sich nach Kräften, die Rückstände aufzuholen. Das gelang allerdings nur bei denen, die noch keine zwei Jahre alt waren, als sie die Heime für immer verließen. Die Älteren sind bis zum heutigen Tag in ihrer Entwicklung verzögert, oft aggressiv und sozial auffällig. Leider steht zu befürchten, dass das so bleibt.

Werfen wir einen Blick in das Innere unseres Kopfes und ziehen neuere Ergebnisse der Neurobiologie zurate, dann bekommen wir eine Ahnung, was in den sensiblen Phasen im Gehirn des Kindes passiert. Es sind gerade zwei scheinbar gegenläufige Mechanismen, die eine wichtige Rolle zu spielen scheinen: die Synaptogenese und das Pruning. Außerdem ist die sogenannte Myelinisierung von Bedeutung.

Vor den eigentlichen sensiblen Phasen wird in bestimmten Bereichen des Gehirns ein gigantischer Überschuss an Synapsen produziert. Eben diesen Prozess bezeichnet man als Synaptogenese, wobei die Synapsen die Kontaktstellen zwischen den Nervenfasern sind. In den sensiblen Phasen gibt es jetzt ein wirksames Ausleseverfahren: In der Auseinandersetzung mit der Umwelt bleiben nur die bestehen, die durch den sensorischen Input angeregt, benutzt und deshalb verstärkt werden. Die anderen sterben ab! Das ist das Pruning – zu Deutsch: Ausjäten. Warum ist das so? Was macht das für einen Sinn? Wir erinnern uns: Der Mensch ist der unübertroffene Spezialist im Nicht-Spezialisiertsein. Ein Mensch in der Sahara ist ein Beduine und in Grönland ein Inuit. Ein Pinguin in der Sahara stirbt, ein Papagei in Grönland ebenfalls. Im Gegensatz zu den meisten Tieren darf unsere Entwicklung nicht eng determiniert sein. Wir sind darauf angewiesen, Teil einer Kultur werden zu können, die Mittel und Wege gefunden hat, in ihrem besonderen Lebensraum zu überleben! Deshalb gieren Kinder mit jeder Faser ihres Körpers danach, den jeweiligen kulturellen *Überlebenscode* zu lernen. Dazu gehören natürlich die jeweilige Sprache und die Verhaltensweisen der Kultur, in die sie hineingeboren werden. Das verdeutlichen wir kurz an zwei Beispielen:

Betrachten wir den auditiven Kortex des Kleinkinds, das ist der Bereich des Gehirns, der für das Hören zuständig ist. In ihrer sensiblen Phase können Babys *alle* sprachlichen Laute, die auf unserem Erdball gesprochen werden, auseinanderhalten. Das unterscheidet sie zum Beispiel von erwachsenen Japanern, die bekanntlich die Verschiedenheit von »r« und »l« nicht hören. Deshalb sind Babys sozusagen »überbestimmt«. Erst das formende »Sprachbad« führt dazu, dass diese bewundernswerte Fähigkeit verloren geht. Es werden eben nur die synaptischen Verbindungen verstärkt, die mit den muttersprachlichen Lauten korrelieren. Die anderen verschwinden für alle Zeiten. Im Hochdeutschen gibt es etwa 40 Phoneme, insgesamt sind wohl an die 200 bekannt. Das bedeutet, dass durch Nichtgebrauch die Codierung für 160 Phoneme nicht entsprechend verstärkt wird.

Vergleichbare Untersuchungen gibt es für die Entwicklung des visuellen Kortex. Bekanntlich fällt es uns schwer, Gesichter aus anderen Kulturen ohne Mühe auseinanderhalten zu können. Dasselbe gilt für die Physiognomie von Tiergesichtern, den Mitgliedern einer Affenhorde etwa. Auch hier sind kleine Kinder Erwachsenen haushoch überlegen. Ihnen gelingen die Unterscheidungen problemlos. Das Baby ist also mit »allen Wassern gewaschen«. Egal wie die Sprache klingt, die es hört, und die Gesichter aussehen, mit denen das Kind zu tun hat, es wird die Sprache zu verstehen und zu sprechen lernen und in den Gesichtern seines Umfeldes zu lesen wissen. Ein Eskimobaby, das von Kalahari-Buschmännern aufgezogen wird, lernt deren verstörend fremde Klicklautsprache und das Buschmann-Baby, das in einem Iglu groß würde, hätte kein Problem, sich nach kurzer Zeit mit seinen Adoptiveltern über die Robbenjagd auszutauschen.

Nach und während des Prunings werden die entsprechenden Gehirnareale noch myelinisiert. Um die Nervenzellen bilden sich die Myelinscheiden, die die Leitfähigkeit der Neuronen verbessern und wahrscheinlich für das Feintuning bei Lernprozessen zuständig sind.

Problematisch wird es in unserem Zusammenhang, wenn dem kindlichen Gehirn, das nach sprachlicher und visueller Information giert, nur Magerkost serviert wird. Das führt schlimmstenfalls zu irreparablen Schäden. Bekommen Kinder in der sensiblen Phase keine passenden sensorischen Informationen, dann können wichtige Anpassungsprozesse nicht vollzogen werden.

Das kann man sich am Beispiel der angesprochenen »Gehirnblindheit« verdeutlichen. Diese kennt man zum einen aus dem Tierexperiment. Kätzchen, denen nach der Geburt die Augen verschlossen wurden, konnten später das Sehen nicht mehr lernen. Vollzog man dieselbe Prozedur an ausgewachsenen Tieren und öffnete ihnen nach vergleichbarer Zeit die Augen, hatten diese nach einer kurzen Eingewöhnungsphase keine Probleme mit dem Sehen. Beim Menschen kennt man vergleichbare Phänomene in Verbindung mit dem Strabismus und dem Katarakt. Beim Strabismus sind die Sehachsen der beiden Augen gegeneinander verstellt. Das Kind schielt. Diese Krankheit kann unbehandelt dazu führen, dass das Kind auf einem Auge blind wird. Da die fehlerhafte Augenstellung zu einer störenden Überlagerung der Sehbilder führt, schaut das Kind instinktiv nur noch mit einem. Das hat zur Konsequenz, dass die Sehrinde des vernachlässigten Auges keinen oder zu wenig Input bekommt. Die notwendige Reifung unterbleibt, es kommt zu einer einseitigen Hirnblindheit.

Das Gleiche passiert beim Katarakt, einer angeborenen Linsentrübung, die unbehandelt zu vollständiger Hirnblindheit führt, da in diesem Fall beide Hemisphären betroffen sind.

Wir stellen also fest, dass sich gerade in den ersten zwei Lebensjahren die entscheidenden sensorischen Schnittstellen des Kindes entwickeln: das Sehen, das Hören, das Handeln. Die gelungene Entwicklung dieser Schnittstellen ist die notwendige Voraussetzung dafür, dass das Kind

Mitglied einer Kultur werden kann, in der Erfahrungen sprachlich und durch Beobachtungslernen vermittelt werden. Warum habe ich hier auch das Handeln als sensorische Schnittstelle bezeichnet? Das hängt damit zusammen, dass der Handgebrauch häufig einseitig betrachtet wird. Aber die Hand ist ein »handelndes Sinnesorgan«, das einen großen Teil zum »Begreifen« und »Erfassen« der Welt beiträgt.

Nachdem wir nun einen weiten, aber notwendigen Bogen geschlagen haben, bietet es sich an, das erste Mal ausführlicher zu überlegen, was diese Erkenntnisse eigentlich für Eltern und Erzieher bedeuten.

4 Z: (Z)eit – (Z)uneigung, (Z)uwendung – (Z)utrauen

Wir haben gesehen, dass das kindliche Gehirn ein beinahe selbstorganisierendes System ist. In passenden Momenten öffnen sich bestimmte »Fenster« zur Außenwelt und das Hirn scheint sich in der Auseinandersetzung mit der Umwelt fast von alleine genau die Stimuli zu suchen, die es für eine gelungene Entwicklung benötigt. Das bedeutet aber auch: Wenn das Kind das Sehen lernt, dann muss es etwas zu sehen geben! Wenn es sprechen lernen will, dann muss jemand mit ihm sprechen! Wenn es die Welt ertasten, erfühlen erforschen will, dann muss etwas da sein, was man erfühlen, ertasten, erforschen kann!

Deshalb ist es die Rolle der Erwachsenen in diesem faszinierenden Prozess, sich mit dem Kind zu beschäftigen, ihm emotionale Sicherheit zu geben, eine anregende Umwelt zur Verfügung zu stellen und das Kind in seiner Erkenntnisfreude vor Schaden zu bewahren.

Wollte man das auf eine Faustformel bringen, könnte man sagen: Kleine Kinder brauchen vier große Z: Zeit, Zuneigung, Zuwendung und Zutrauen.

Das ist eigentlich nicht verwunderlich und deshalb ist man erstaunt, wie viel schiefgehen kann und auch tatsächlich schiefgeht. Das liegt daran, dass die Prioritäten nicht erkannt werden. Um es provokativ auszudrücken: Da, wo es wichtig ist, wird Wesentliches unterlassen, und dort, wo man es entspannt angehen lassen könnte, gibt es zu viel des Guten.

Offensichtlich ist das im Falle einer hysterischen Frühförderung, die sich scheinbar auf wissenschaftliche Ergebnisse bezieht, diese aber grundlegend missversteht und deshalb die falschen Konsequenzen zieht. Die Existenz sensibler Phasen haben wir gerade erwähnt. Bleibt noch, auf einige Ratten- und Mäuseexperimente hinzuweisen, die in diesem Zusammenhang eine Rolle spielen. Es hat sich gezeigt, dass Nager, die in interessanter Umgebung aufwachsen, Gehirne entwickeln, die sich von denen ihrer Artgenossen in trostlosen Laborkäfigen unterscheiden. Sie sind »besser verdrahtet« und deutlich lernfähiger. Leider wird häufig ein wesentlicher Punkt unterschlagen. Mäuse, die sich viel bewegen, haben den stärksten Leistungszuwachs. Die Schlussfolgerung daraus wäre also, dafür zu sorgen, dass sich Kinder im Freien austoben. Aber das ist nicht das, was beschäftigte und ehrgeizige Eltern hören wollen. Stattdessen gilt das Motto: Viel hilft viel! Man nimmt die Existenz sensibler Phasen und besagte Experimente zum Anlass, die Kinder mit Informationen zu bombardieren, die sie noch gar nicht verarbeiten können. Auf alle Fälle nicht in der Weise, wie ehrgeizige Erwachsene sich das erhoffen. Ungeborene mit Mozartsonaten zu beschallen und Zweijährige mit Computerspielen wie »Baby Newton« oder »Baby Einstein« zu konfrontieren, die ihr Verständnis für Physik und Mathematik verbessern sollen, ist lächerlich. Und auch überflüssig. Die essenziellen Bedingungen für geglücktes Lernen in den ersten Lebensjahren sind wenig aufregend. Es reicht ein x-beliebiges ganz gewöhnliches menschliches Umfeld, in dem Kinder sich entwickeln können. Das kann die Jurte eines mongolischen Hirten sein, eine Stadtwohnung in New York City, ein Bauernhof auf der Schwäbischen Alb oder die elterliche Pizzeria in Neapel. Wichtig sind dem Kind zugewandte Erwachsene, die es ermuntern, seine Welt zu erforschen, sie zu erobern und sich in ihr nach Leibeskräften zu erproben. Das bedeutet aber auch, das Kind »laufen« zu lassen, es nicht in Watte zu packen. Man sollte nur darauf achten, dass es sich nicht verletzt. Die eine oder andere Beule oder Schramme gehört aber zum Lernen zwingend dazu und bewahrt das Kind mit ziemlicher Wahrscheinlichkeit später vor schlimmeren Unglücken.

Das leuchtet allerdings nicht jedem ein. Unweit meines Wohnorts Tübingen gibt es einen aufregenden Abenteuerspielplatz, den ich mit meinen Töchtern gerne besuchte. Als ich einmal mit meiner älteren Tochter dort war, bin ich böse beschimpft worden. Eine Dame mittleren Alters mit einem gebatikten Seidenschal nannte mich einen verantwortungslosen Rabenvater. Was war passiert? Auf dem Spielplatz gab es eine große Rutsche, die einen Hang hinunterführte. Es war nicht ganz einfach, sie zu besteigen. Es gab keine Treppe. Man musste sich an einem Seil den lehmigen Abhang hinaufziehen. Da es öfter mal nass war, plumpsten die Kinder, die es versuchten, immer wieder hin, was ihnen aber nichts ausmachte, da sie sich ja am Seil festhielten. Beim Rutschen selbst durfte man nicht ungeschickt sein, da man unten auf dem Allerwertesten landete, wenn man die Beine nicht schnell genug unter den Hintern bekam. Meiner Tochter machte dieses Experimentieren sichtbar Spaß, sie gluckste vor Freude und ich sah keine besonderen Gefahren. Deshalb vertiefte ich mich an einem sonnigen Flecken in ein Buch und linste nur ab und zu mal rüber, um sicherzugehen, dass nichts passierte. Es hätte ein beschaulicher Nachmittag werden können, wäre nicht besagte Dame mit zornrotem Kopf auf mich losgegangen.

»Ist das kleine blonde Mädchen Ihr Kind?«

»Ja, warum?«

»Es stürzt permanent!«

»Ich würde es plumpsen nennen.«

»Nein, es stürzt! Es wird sich verletzen, wenn Sie nicht aufpassen.«

»Es wird sich später verletzen, wenn es jetzt nicht lernt zu plumpsen.«

»Wie meinen Sie das?«

»Wenn Sie, wie ich gerade eben gesehen habe, Ihr Kind die Rutsche hochtragen, es auf Ihren Schoß setzen, um dann gemeinsam zu rutschen, dann lernen Sie, wie man mit einem Kind rutscht. Ihr Kind aber lernt nur, auf Ihrem Schoß zu sitzen. Wenn Sie aber wollen, dass Ihr Kind das Rutschen lernt, dann muss es selber rutschen. Deshalb lassen Sie es lieber plumpsen!«

»Nein, das mache ich nicht, das ist völlig verantwortungslos. Sie sind ein Rabenvater!«

Ich würde diese Geschichte nicht erzählen, wenn es sich um eine Ausnahme handeln würde. Leider ist besagte Einstellung zumindest im akademischen Milieu recht verbreitet. Aus diesem Grund haben die Tanzlehrer in unserem Studio, die mit kleinen Kindern arbeiten, oft die herausfordernde Aufgabe eines Bewegungstherapeuten, wobei die bedürftigen Kinder mit geübtem Blick schnell auszumachen sind. Wenn die Mama das Kind die drei Treppen hochträgt, beim Umziehen jeden Handgriff selbst erledigt und dann immer auf der Treppe zum Studio sitzen bleibt, um dem Kind beim Tanzen zuzusehen, die Wasserflasche in der Hand, um jederzeit einer drohenden Dehydrierung zuvorzukommen, ist Gefahr im Verzug.

Und die Gefahr besteht nicht darin, dass die emotionale Bindung, wie die Mütter vielleicht meinen, zwischen ihnen und ihrem Kind auf eine harte Probe gestellt wird, weil der Spross 45 Minuten etwas alleine macht. Die Gefahr besteht in einer völlig unzulänglichen Motorik der Kinder, die man selbst gesehen haben muss, um ihr erschreckendes Ausmaß zu erkennen: Nicht wenige Kinder können mit drei Jahren nicht mehr richtig rennen. Sie sind nicht in der Lage, auf einem Bein zu stehen. Rückwärtslaufen und Seitwärtsgalopp bringt sie ebenfalls an ihre koordinativen Grenzen. Und wenn sie nach langem Zögern eine zehn Zentimeter hohe Treppenstufe herunterspringen, werden sie von den anwesenden Müttern gefeiert, als wenn sie den Nanga Parbat ohne Sauerstoff bestiegen hätten. Aber das ist noch nicht das einzige Problem für diese Kinder. Es gibt ja auch die anderen, die so schnell die Treppen hochstürmen, dass die Eltern kaum hinterherkommen, die im Kursraum rennen, hüpfen, Purzelbäume machen und Räder schlagen und deren Bewegungsenergie keine Grenzen zu kennen scheint. Diese geben den taumelnden Kindern, die nicht mitkommen, ein schlechtes Gefühl. Und da diese ja nicht dumm sind, spüren sie mit feiner Antenne, was sie im Vergleich zu den anderen können und was nicht.

In diesem Zusammenhang sind sie übrigens auch ziemlich immun gegen von Erwachsenen ausgedachte Täuschungsmanöver, die dem Kind vorgaukeln wollen, dass es in ihrem Leben nur Gewinner gibt. Wenn das Kind permanent für Dinge gelobt wird, die des Lobes nicht wert sind, da es sich eigentlich um Selbstverständlichkeiten handelt, dann durchschaut das Kind im Allgemeinen den Betrug und solche Manöver wecken in ihm wohl eher Zweifel, ob in der Welt der Erwachsenen mit offenen Karten gespielt wird. Das schlechte Gefühl bleibt auf alle Fälle. Und da man von einem dreijährigen Kind nicht erwarten kann, dass es seine Lage reflektiert und zu der Einsicht gelangt, dass es rennen muss, wenn es rennen können will, dass es springen muss, wenn es springen lernen will, sucht es enttäuscht die Nähe der Mutter, die selbstredend noch auf der Treppe sitzt. Die Mütter der radschlagenden Heißsporne sind in der Stadt einen Kaffee trinken. Die besorgte Mutter aber fühlt sich jetzt in ihrer Befürchtung bestätigt, dass es für ihre Kleine doch noch zu früh ist und man die intensive Mutter-Kind-Bindung durch den Tanzunterricht besser nicht gefährden sollte. Genau in diesem Moment kommt ein verhängnisvoller Teufelskreis aus Scheitern und Trösten in Gang. Dieser resultiert nicht daraus, das muss deutlich betont werden, dass das Kind in irgendeiner Weise schlecht veranlagt wäre. Es darf sein Potenzial nur nicht entwickeln, da die besorgten Eltern ihrem Kind elementare Lernerfahrungen vorenthalten! Wie oft beobachte ich, dass Kinder permanent durch die Gegend getragen werden, anstatt selbst zu laufen, und noch nicht einmal mehr einen Stuhl hochklettern dürfen, da die Eltern Angst haben, sie könnten sich verletzen. Deshalb verdanken sich die rudimentären sensomotorischen Fähigkeiten dieser Kinder der Unsicherheit der Eltern, die diese arglos auf ihr Kind übertragen und ihm daher normales Lernen extrem erschweren. Das ist ein mit schweren Steinen gefüllter Rucksack, den diese Kinder oft ihr Leben lang zu tragen haben.

Solche Beispiele verstellen leider den Blick auf die natürliche Art des Lernens, bei der Kinder ganz von alleine alles richtig machen. Diese natürliche Art des Lernens sollte uns als Beispiel dienen! Sie führt dazu, dass aus Kindern Erwachsene werden, die ein echtes Könnensbewusstsein entwickelt haben. Eine wertvolle Charaktereigenschaft, die für Lebensmut, den wir unseren Kindern wünschen, wichtig ist.

Lern- und Lehrmeister

Seit wann ist der Topf klüger als der Töpfer?« Dieser Satz fällt mir immer ein, wenn ich Eltern beobachte, die massiv in die Entwicklung ihres Kindes eingreifen, weil sie glauben, es besser zu wissen, und aus diesem Grund das Gegenteil von dem erreichen, was sie wollen. Wie mehrfach betont, kann man in den ersten Lebensjahren der Evolution bei der Arbeit zusehen und lernen, nach welchen Prinzipien sich ein Gehirn in Wechselwirkung mit seiner Umwelt am besten programmiert. An der Wirksamkeit dieser »Strategie« gibt es keinen Zweifel, da sie uns seit einigen Millionen Jahren das Überleben in einer sich ständig verändernden Welt erlaubt. Wenn wir also nicht massiv intervenieren, was sehen wir dann? Was sind die Ingredienzen erfolgreichen Lernens, die jeder Vater, jede Mutter, jeder Lehrer kennen und berücksichtigen sollte?

An erster Stelle steht natürlich – für jeden aufmerksamen Beobachter offensichtlich – eine unstillbare, rigorose Neugier! Schon ganz kleine Kinder fassen alles direkt ins Auge, was sich bewegt, obwohl sie noch unscharf sehen und sich das visuelle System noch weiter ausbilden muss. Sie drehen ihren Kopf, wenn sie Geräusche hören, um der Ursache des Klangs auf den Grund zu gehen. In dem Augenblick, in welchem sie gezielter greifen können, nehmen sie alles in die Hand, das erreichbar ist. Sie betasten die Gegenstände, manipulieren sie, stecken sie in den Mund, kauen darauf herum, lutschen an ihnen, nehmen sie wieder aus dem Mund und schmeißen sie krachend auf den Boden. Dieses forschende Verhalten potenziert sich mit jeder Vergrößerung des Aktionsradius: Erst kriechen, dann stehen, endlich laufen und klettern. Jeder Zugewinn an Autonomie ist ein Freudenfest. Wenn Kinder nun neugierig die Welt erforschen wollen, dann ist es eine wichtige Entscheidung der Erwachsenen, welche Welt sie für das Kind als zu erforschenden Wahrnehmungsraum aussuchen. Wir erinnern uns daran, dass sich jedes Kind in seinen spezifischen Lebensraum »hineinentwickelt«. In unserer von Medien beherrschten Welt stellt sich deshalb eine elementare Frage: Darf das Kind die wirkliche Welt erfahren oder speisen wir es lieber mit reduzierten Modellen der Wirklichkeit ab, wie sie im Fernsehen, auf Computern oder in Videospielen zu sehen sind? Eigentlich muss jedem Menschen klar sein, dass sich ein Kind in der wirklichen Welt bewegen sollte. Es sei denn, man glaubt, dass die künftige Welt die Welt der Modelle ist und sich das Kind als Erwachsener ausschließlich im zweidimensionalen Universum der Bildschirme bewegt. Dann kann man es natürlich auch mit einem Computer erziehen. Wenn wir das nicht glauben und wollen, dass es in der wirklichen Welt beheimatet ist, dann ist es gut, die Maschinen so oft wie möglich ausgeschaltet zu lassen. Das hat viele Gründe. In der Hirnforschung unterscheidet man verschiedene Formen des Gedächtnisses. Hier reicht es, zwischen dem prozeduralen, dem semantischen und dem episodischen Gedächtnis zu unterscheiden. Das prozedurale Gedächtnis ist mit dem

Erlernen von Fertigkeiten verbunden, zum Beispiel mit einem Löffel zu essen, Ball zu spielen oder Fahrrad zu fahren. Bei der Bildung des semantischen Gedächtnisses spielt es eine Rolle, in welcher Weise Wörter ihre Bedeutung erhalten, wobei *Handlungserfahrungen* eine entscheidende Rolle spielen. Beim episodischen Gedächtnis geht es um das Erinnern von Geschichten, wobei semantisches und prozedurales Wissen zumindest schon teilweise angelegt sein müssen. Daraus wird ersichtlich, dass die verschiedenen Gedächtnisformen ineinander verschachtelt sind.

Betrachten wir ein Kind vor einem Fernsehbildschirm: Im Stuhl festgenagelt macht es eigentlich gar keine prozeduralen Erfahrungen, sieht man von der Handbewegung ab, mit der Snacks in den Mund bewegt werden. Auch die semantischen Erfahrungen sind auf wenige Sinnesqualitäten reduziert. Die verflachte Wirklichkeit, die man sich auf einem Bildschirm angucken kann, besteht einzig und allein aus optischen und auditiven Eindrücken. Das ist ein echter Verlust. Das Kind riecht nichts, es schmeckt nichts, es erfährt nicht, wie sich die Dinge mit der eigenen Bewegung verändern, es spürt keine Wärme und keine Kälte, es merkt den eigenen Körper nicht, da es sich selbst nicht bewegt! In diesem Zusammenhang sei an ein spektakuläres Experiment von Richard Held erinnert. Ein kleines Kätzchen, das man ausschließlich mit geöffneten Augen durch die Gegend trägt und auf diese Weise verhindert, dass es sich bewegt, bleibt blind! Dieses traurige Versuchsergebnis gibt einen deutlichen Hinweis darauf, wie entscheidend wichtig es in unseren frühen Jahren ist, dass die Eindrücke, die wir mit den verschiedenen Sinnesorganen wahrnehmen, harmonisiert und synchronisiert werden. Wieder begegnen wir dem erkenntnistheoretischen Paradoxon! Das, was uns am selbstverständlichsten erscheint, ist am schwierigsten zu verstehen. Wenn wir mit wachen Sinnen durch die Welt laufen, sehen wir mit den Augen, hören mit den Ohren, unsere Bewegungen nehmen wir mit unserem »inneren Auge« wahr und auch das Vestibularorgan im Ohr, das für unser Gleichgewicht zuständig ist, spielt eine große Rolle. All diese Informationen laufen an völlig verschiedenen Punkten im Gehirn ein. Wie schafft es das Gehirn, daraus *eine einzige konsistente Wirklichkeit* zu konstruieren, die wir »die Welt« nennen? Das ist ein großes Rätsel. Sicher ist jedoch, dass es viel Übung und Praxis braucht, dieses System zu kalibrieren. Und in diesem Zusammenhang gilt das alte Sprichwort: »Hinterm Ofen fängt man keine Hasen!« Das bedeutet, dass das Kind seinem Bewegungsdrang ungehindert nachgehen können muss. Die Welt erschließt sich ihm nicht, wenn es im Sessel sitzt. Tatsächlich gibt es auch beim Menschen Experimente, die zeigen, dass die Art und Weise, wie wir sehen, damit verbunden ist, wie wir uns bewegen. Ein kleines Kind guckt in einen Glaskasten und beobachtet einen Experimentator, der eine Puppe so hinter einem Hindernis versteckt, dass sie nicht zu sehen ist. *Trägt* man das Kind nun um den Kasten herum, dann entdeckt es die Puppe meistens nicht, obwohl sie vom veränderten Standpunkt aus sichtbar ist. Kleine Kinder aber, die selbst um den Kasten herumlaufen, erkennen sie wesentlich häufiger. Eine andere Beobachtung geht in dieselbe Richtung. Hier wird mit einem kleinen Abgrund gearbeitet. Über diesem liegt eine Plexiglasplatte, die vom kriechenden Kind gefahrlos überquert werden kann. Wir haben nun das kleine Kind auf der einen Seite, die lockende Mutter auf der anderen. Diese versucht ihr Kind dazu zu bewegen, über den Abgrund zu ihr zu kriechen. Kinder, die sich viel bewegen, haben bereits eine gut funktionierende Tiefenwahrnehmung ausgebildet und widerstehen der Versuchung, zur Mutter zu kommen, weil sie damit rechnen, zu stürzen. Das gilt aber nicht für die behüteten Kinder, die naiv zur Mutter robben und sich ohne Plexiglasplatte stürzen und verletzen würden.

Dieses Experiment müsste man der übervorsichtigen Mama auf dem Abenteuerspielplatz ins Buch schreiben. Es ist verantwortungslos, den Kindern solch eminent wichtige Erfahrungen vorzuenthalten. Tatsächlich decken sich die Resultate solcher Experimente auch mit den Erfahrungen, die Kindergärtnerinnen und Grundschullehrerinnen laufend machen. Es sind eben nicht die Kinder, die wie die Wilden klettern, die sich häufig verletzen, sondern gerade die, die ihren Körper nicht kennen und deshalb dumm fallen. Genauso ertrinken häufig Kinder, die nicht schwimmen können, und nicht die, die schwimmend im Wasser toben.

Warum setzen Eltern ihre Kinder trotzdem vor den Fernseher? Die Antwort ist einfach. Um keine Zeit mit dem Kind zu verbringen, sondern Tätigkeiten nachzugehen, die sie in diesem Moment für wichtiger halten. Die Kinder lassen sich das leider gefallen, da sie vom Fernsehen genau in derselben Weise an der Nase herumgeführt werden wie die Erwachsenen. Bei Licht besehen, ist das Fernsehen eine raffinierte und betrügerische Als-ob-Maschine, die einen Reichtum vorgaukelt, der in Wirklichkeit nicht vorhanden ist.

Machen wir einen kurzen Ausflug in die Zeitforschung. Dort kennt man das *subjektive Zeitparadoxon*, das das unterschiedliche Zeitempfinden von gesunden Kindern und Erwachsenen beschreibt. Bekanntlich ist ein Jahr für ein Kind eine Ewigkeit, während für den Erwachsenen die Zeit rast. Woran liegt das? Erwachsene und Kinder empfinden die Gegenwart verschieden. Kinder können sich im Augenblick völlig verlieren, da die Welt für sie neu und unerforscht ist. Im Gegensatz dazu besteht die Welt der Erwachsenen häufig aus festgelegten Pflichten und Routinen. Während für das Kind im Spiel die Zeit verfliegt, dehnt sie sich für Erwachsene wie ein zäher Kaugummi. Der Alltag hat oft keine andere Funktion, als auf das befreiende Wochenende oder die Ferien hinzuarbeiten. Das Resultat? Das Zeitgefühl für Kinder ist leichtfüßiger Flow, für die Erwachsenen gähnende Langeweile. Leider ist das nicht alles. Die Erwachsenen bezahlen einen hohen Preis für ihre angeblich effizienten Routinen, die den Alltag strukturieren und dem Zufall keine Chance geben sollen. In der Rückschau dreht sich das Zeitgefühl nämlich um – und zwar radikal! Für Kinder bläht sich die erlebte Zeit auf und für Erwachsene schrumpft sie zu einem Nichts – zum nicht mehr gelebten Leben. Wie ist das zu erklären? Denken Sie an einen Muskel! Wenn Sie mit diesem hundert Mal eine Bewegung ausführen, die sie keinerlei Anstrengung kostet, dann bleibt der Muskel so, wie er ist. Es gibt keinen Grund, zu wachsen und stärker zu werden. In ähnlicher Weise verhält sich das Gehirn. Wird es nur mit Dingen konfrontiert, die es schon lange kennt, besteht keine Veranlassung, aktiv zu werden. Aus nachvollziehbaren Gründen schaltet es in einen effizienten Stand-By-Modus. Berüchtigt ist in diesem Zusammenhang die »Pendleramnesie«. Menschen, die jeden Tag mehrere Stunden zur Arbeit fahren, verlieren die Erinnerung an die Fahrten fast völlig. Es ist, als würden die Zeitdiebe aus Michael Endes Buch »Momo« in ihr Leben schleichen. Mit scharfem Messer schneiden sie die Zeit aus ihren Köpfen heraus.

Wach und aktiv wird das Gehirn erst, wenn es etwas Neues zu entdecken gibt, das sich lohnt, erinnert zu werden. Für das Kind ist alles neu und wird deshalb im Gedächtnis gespeichert. Diese Fülle der Erinnerungen gibt den Kindern in der Rückschau das Gefühl, eine Fülle von Zeit erlebt zu haben. Einlullende Routinen sind es dagegen nicht wert, erinnert zu werden. Diese Zeitfresser und die Weigerung, sich stetig Neuem zu öffnen, sind die Gründe, weshalb für die meisten Erwachsenen das Leben an ihnen vorbeifliegt.

Was hat das mit dem Fernsehen zu tun? Das Fernsehen funktioniert genau so wie die Nahrungsmittel, die keine Kalorien enthalten, sondern nur aus Ballast und Wasser bestehen. Im ersten Moment geben sie uns das Gefühl, etwas zum Kauen zu haben, ohne dass uns diese Kost letztlich nährt und satt macht. Da uns das Fernsehen nur in seltenen gelungenen Momenten mit einem Bündel interessanter Informationen konfrontiert, die vom Hirn für würdig befunden werden, erinnert zu werden, passiert Folgendes: Der stete Strom der Bilder verhindert das Gefühl der Langeweile. Zumindest in Teilen. Die Irrelevanz dieser Bilder sorgt aber dafür, dass sie genauso schnell wieder vergessen werden, wie sie aufgenommen wurden. Dass Erwachsene diese Form der Zeitverschwendung tolerieren, ist schon erstaunlich. Für Kinder sind die Folgen noch gravierender. Die Zeit, die sie damit verbringen, ein von Erwachsenen entsaftetes Modell der Wirklichkeit zu entschlüsseln, fehlt ihnen, um stattdessen substanzielles Weltwissen zu erwerben. Dabei möchte ich nicht falsch verstanden werden. Es spricht nichts dagegen, wenn Eltern zusammen mit ihren Kindern ausgewählte Filme anschauen und anschließend am besten gemeinsam besprechen. Es spricht auch nichts dagegen, sich gezielt mit Computern zu beschäftigen, um Kinder mit digitalen Medien vertraut zu machen. Fernsehen und Computer aber mehr oder weniger teilnahmslos zu verwenden, um die Zeit totzuschlagen, ist etwas völlig anderes. Der mit dieser Verhaltensweise verbundene Verlust an Erfahrung ist gravierend.

Neugier und die damit verbundene Motivation sind nicht nur für die Zeitwahrnehmung wesentlich, sie sind auch der Treibstoff, der das Gehirn beim Lernen befeuert! Im Gehirn gibt es einen Übertragungsstoff – einen Neurotransmitter – mit Namen Dopamin, der in ganz unterschiedlichen Bereichen zum Einsatz kommt. Bekanntlich kann Dopaminmangel in der sogenannten Substantia Nigra zur Schüttellähmung führen, bekannt als Parkinsonsche Krankheit. Dopamin hat aber auch die Funktion einer *endogenen Droge*, die im Gehirn eine ähnliche Wirkung ausübt wie das Suchtmittel Kokain. Sie ist ein wesentlicher Teil des sogenannten Belohnungssystems und dieses Belohnungssystem spricht auf bemerkenswerte Eigenschaften an. Dazu gehören sympathische, dem Menschen zugewandte Gesichter. Vor allen anderen Dingen aber sind es Neuigkeiten! Das Gehirn liebt Neuigkeiten, bis zu dem Moment, in welchem es der Illusion erliegt, dass Neuigkeiten das sorgsam gefügte Weltbild erschüttern und deshalb tunlichst zu vermeiden sind.

Kinder haben genau dieses Problem nicht! Deshalb machen sie, außer wir intervenieren, beim Lernen automatisch alles richtig.

Dabei müssen wir einen Punkt in Erinnerung rufen, der, obwohl offenkundig, von Eltern und Pädagogen immer wieder vergessen wird: Lernen bedeutet etwas zu tun, das man noch nicht kann! Würde man die Sachen schon beherrschen, bräuchte man sie nicht zu lernen.

Diese elementare Einsicht kann man nicht deutlich genug hervorheben, da sie eine wichtige Tatsache zur Folge hat. Wenn man etwas nicht kann und es deshalb immer wieder ausprobieren muss, dann ist es zwangsläufig, dass die Tätigkeit so lange misslingt, bis sie endlich glückt. Misslingen ist deshalb ein absolut unverzichtbarer Teil des Lernens! Den entspannten Umgang mit dem Misslingen nenne ich Misslingenskompetenz. Das Gegenteil der Misslingenskompetenz ist die berüchtigte Frustration. Dieser liegt der Irrglaube zugrunde, dass beim Lernen das finale Erfolgserlebnis im Vordergrund zu stehen hat. Und dieses sollte tunlichst immer in kürzestmöglicher Zeit erreicht werden.

Ich unterrichte seit über 30 Jahren Tanz und wurde einmal für ein Seminar in Worpswede gebucht, das durch seine frühere Künstlerkolonie bis heute bekannt ist. Die Teilnehmer waren professionelle Feldenkraisausbilder. Weil ich davon ausging, dass diese Dozenten beruflich mit ihrem Körper arbeiten, glaubte ich auf einem technisch fortgeschrittenen Niveau unterrichten zu können.

Als ich den dämmrigen Kursraum betrat, hielt ich erstaunt inne. Neun der zehn Teilnehmerinnen waren stark übergewichtig und machten nicht den Eindruck, als wenn sie belastende körperliche Arbeit gewohnt wären. In völligem Gegensatz zu diesen Damen gab es eine verhärmte Frau mit zu Strichen gewordenen Lippen.

Intuitiv entschied ich mich, ganz vorsichtig zu beginnen. Auf der Stelle trat ich zweimal mit dem rechten Fuß auf, dann mit dem linken. Auf einmal hörte ich Protestgeschrei: »Das macht keinen Spaß! Es ist unmöglich, das Gewicht so schnell von einer Seite auf die andere zu verlagern.«

Ich drehte mich um und war überrascht, da mir eigentlich, außer dem Gehen auf der Stelle, kein leichterer Schritt bekannt ist. Ich beschloss, das Tempo noch weiter zu reduzieren. Wir bewegten uns fast in Zeitlupe, aber das Problem der Gewichtsverlagerung, dem ich vorher noch nie begegnet war, blieb. Als ich etwas ratlos guckte, schrie mich plötzlich die dünne Frau an:

»Warum muss Lernen eigentlich immer so mit Frustration verbunden sein?! Warum kann es nicht einfach mal nur Spaß machen? Das kotzt mich an!«

Sie packte ihre Siebensachen und stürmte aus dem Kursraum. Die Tür warf sie krachend ins Schloss. Ich machte eine Pause und erwog das erste Mal in meinem Leben, einen Kurs abzubrechen, mein Honorar zurückzugeben und mit dem Zug schnellstmöglich in sonnigere Gefilde zu flüchten.

Können Sie sich ein kleines Kind vorstellen, das auf diese Weise reagiert, wenn man ihm etwas zeigt? Das Angst davor hat, dass etwas nicht funktioniert, und es deshalb tunlichst lässt, es auszuprobieren? Wenn Kinder eine derart naive Einstellung zum Lernen hätten, dann würde heute niemand von uns auf zwei Beinen laufen. Gehen können bedeutet tausendmal fallen! Haben Kinder damit ein Problem? Sie kriegen damit ein Problem, wenn jedes Mal, wenn sie fallen, die verschreckten Eltern signalisieren, dass etwas Fürchterliches passiert ist. Wie beschrieben beobachten Kinder ihr Umfeld genau, um immer eine emotionale Rückmeldung zu erhalten, die mit ihrem Verhalten korreliert ist. Wenn wir unser Kind gerne ängstlich machen wollen, dann sollten wir jedes Mal Angst zeigen, wenn eine Kleinigkeit schiefgeht. Wenn wir wollen, dass es mutig und selbstbewusst wird, dann sollten wir das unterlassen. Dann steht das Kind nämlich einfach wieder auf und versucht es erneut, und zwar solange, bis es klappt. Zu akzeptieren, dass man beim Lernen üben und ausprobieren muss, dass Dinge nur sehr selten direkt funktionieren und deshalb erst einmal nicht klappen, ist wesentlich.

Aber nicht nur in dieser Beziehung können Erwachsene von Kindern lernen. Kinder kultivieren eine weitere Tugend, die in der Welt der Großen ebenfalls einen zweifelhaften Ruf genießt. Sie suchen sich nämlich andauernd Aufgaben, die ihr momentanes Können überschreiten! Damit agieren sie permanent an der gefürchteten Leistungsgrenze, die viele Pädagogen mit der Belastungsgrenze verwechseln. Wenn ein Kind kriecht, kommt es nicht auf die Idee, immer weiter zu kriechen. Wenn es kriecht, will es bald aufstehen. Kaum steht das Kind und hält sich auf schwankenden Beinen am Stuhl fest, schon will es auf den Stuhl klettern, auch auf die Gefahr hin, zu stürzen. Und thront es endlich auf dem Stuhl, will es auf den Tisch. Kein Kind würde auf die Idee kommen, für immer auf dem Stuhl zu bleiben, da beim Versuch, den Tisch zu erklettern, die Möglichkeit eines emotional negativen Erlebnisses besteht, das das eigene Selbstwertgefühl ankratzen könnte.

Halten wir fest: Kinder haben mit Misslingen, das jedem Lernerfolg, der diese Bezeichnung verdient, vorausgeht, überhaupt kein Problem. Im Gegenteil! Sie setzen sich mit Vorliebe Situationen aus, die das Misslingen zwangsläufig nach sich ziehen, da sie permanent Dinge tun wollen, die sie eigentlich noch nicht können. Und wenn man ehrlich ist, fordern sie diese Situationen auch lautstark ein, womit sie Eltern, die diesen Langmut nicht besitzen, oft an die Grenze des Nervenzusammenbruchs bringen.

Aber das kindliche Lernvermögen ist noch erstaunlicher. Unermüdliche Wiederholung halten Erwachsene für eine elaborierte Lernstrategie aus ihrem eigenen Verhaltensrepertoire. Mit kindlichem Spiel wird diese Praxis eher selten assoziiert. Das ist falsch. Kinder sind mindestens so ausdauernde Wiederholer wie die seltene Spezies disziplinierter Erwachsener, nur dass sie im Unterschied zu diesen eine ganz andere Motivationsstrategie einsetzen. Diese teilen sie mit Künstlern, die ihr Sujet meisterlich beherrschen, und mit Zen-Buddhisten.

Ohne sich dessen bewusst zu sein, verwenden Kinder nämlich die »Strategie des inneren Blicks« und verwandeln mit diesem Kunstgriff Monotonie in spannend erlebtes Wachstum. Wie ist das zu verstehen? Aufmerksame Eltern kennen die Erfahrung, dass Kinder mit vermeintlich stumpfem Gleichmut bestimmte Tätigkeiten immer wieder in der gleichen Weise machen. Bei meiner eigenen Tochter war das die »Hörspielfolter«. Wie viele andere Kinder auch besaß sie einen bunten Kassettenrekorder und einen ganzen Kasten mit verschiedenen Hörspielen. Das naheliegende Verhalten für einen Erwachsenen wäre es gewesen, die Kassetten der Reihe nach durchzuhören, um sich dann nach neuer Unterhaltung umzuschauen.

Tochter Naima tat genau das Gegenteil! Sie hörte eine einzige Kassette – »Benjamin Blümchen als Pilot« – wohl an die hundert Mal. Was sollte das? War sie minderbemittelt? Um dieses rätselhafte Verhalten zu verstehen, hilft vielleicht das Zitat eines alten Tai-Chi-Meisters. Auf die Frage, wie er seinen Unterricht organisiert, antwortet er:

»Jede Stunde ist die erste Stunde. Jedes Mal, wenn wir tanzen, tun wir es das erste Mal. Wenn ich sage, dass jede Stunde die erste ist, dann heißt das aber nicht, dass wir vergessen, was wir schon wissen. Vielmehr bedeutet es, dass das, was wir tun, immer neu ist, weil wir *das* immer zum ersten Mal tun.«

Ein solcher, für östliche Denker bezeichnender Satz lässt sich für uns nur verstehen, wenn wir strikt zwischen dem inneren und dem äußeren Blick unterscheiden. Dabei müssen wir zur Kenntnis nehmen, dass wir uns in unserem Kulturkreis beim Üben meist von außen anschauen. Und von außen sieht jede Wiederholung mehr oder weniger gleich aus. Und wenn man immer das Gleiche tut, dann ist das natürlich langweilig, auch wenn es notwendig ist. Deshalb hat Disziplin bei uns etwas mit Selbstkasteiung zu tun und es ist nicht verwunderlich, dass ihr ein bitterer Nachgeschmack anhaftet. Wenn Musikschüler eine bestimmte als langweilig empfundene Übung zu wiederholen haben, dann stellen sie sich eine Uhr und bemühen sich, das Zeitintervall durchzuhalten.

Wenn der Tai-Chi-Meister aber davon spricht, dass Sie alles, auch das, was Sie schon tausend Mal gemacht haben, immer das erste Mal tun, dann bezieht er sich auf den inneren Blick, die innere Wahrnehmung. Diese ist von der äußeren Perspektive total verschieden und aus diesem Grund ist das Gleiche auch nicht gleich. Der Sinn der Übung ist hier ein anderer. Er besteht darin, sich durch Übung zu verändern und diese Veränderung wahrzunehmen. Das Lernen wird nicht vom Ziel aus gedacht, sondern vom Weg. Der Weg ist das Ziel. Diese innere Wahrnehmung der Veränderung nährt die Neugier auf sich selbst und das befeuert die intrinsische Motivation. Und dieses faszinierende Wechselspiel von innerer Veränderung, Wahrnehmung, Neugier und Motivation ist auch notwendig, wenn man sich die »Höhenlinien« der Lernwege anschaut, die man – jetzt wieder von außen betrachtet – zurücklegen muss.

Viele Lernprozesse zeichnen sich nämlich dadurch aus, dass man trotz eifriger Arbeit und steten Bemühens eine gefühlte Ewigkeit auf einem Plateau verbringt. Nichts geht vorwärts, alles bleibt, wie es ist. Dann kommen die Krisen und man wird zu allem Überfluss noch schlechter. Das hängt oft damit zusammen, dass wir als Menschen jeden Tag ein anderer sind. Tänzer mit ihrer ins neurotische gesteigerten Körperwahrnehmung können davon ein Lied singen. An dem einen Tag fühlt sich der Körper wie ein verstimmtes Klavier an, alle Muskeln sind wie zu stark gespannte Drähte, verbunden mit der Gefahr, jeden Moment zu reißen. Am nächsten Tag, an dem man für einen Außenstehenden scheinbar derselbe Mensch ist, fügen sich alle Bewegungen wie von alleine zueinander. Alles erscheint wie frisch geölt. Man hört die Musik und ohne zu denken entwickeln sich die Bewegungen weich und flüssig aus einer tiefen Quelle, zu der man bewusst keinen Zugang hat.

Dann, nachdem man eine Ewigkeit auf einem Plateau herumgekrebst ist, kann es in seltenen Momenten zum Sprung kommen. Plötzlich beherrscht man, was man lange lernen wollte. Aber die Freude ist gewöhnlich kurz. Zuerst fragt man sich mit einem Mal erstaunt, was daran eigentlich so schwierig gewesen war. Und dann geht der beschwerliche Weg wieder von vorne los. Auf zu neuen Gipfeln. Und je besser man wird, desto seltener sind die von vielen Pädagogen so favorisierten Erfolgserlebnisse.

Die Zeiten auf den Plateaus werden, wie wir noch sehen werden, immer länger und länger.

Ist es vor diesem Hintergrund nicht einsichtig, was der Tai-Chi-Meister meint? Der äußere Blick nimmt die seltenen Erfolgserlebnisse, die Sprünge in den Blick, der innere Blick aber die sich laufend vollziehenden inneren Veränderungen. Von innen gesehen ist das Plateau kein Plateau, sondern eine zerklüftete Gebirgslandschaft, mit Bergen und Tälern, wobei der Weg über die Jahre gemittelt nach oben führt. Deshalb machen wir mit dieser Lernphilosophie auch in der Wiederholung immer etwas anderes und genau aus diesem Grund machen wir es tatsächlich immer das erste Mal.

Wenn wir nun mit geschärftem inneren Blick neugierig sind auf die Veränderungen, die wir in der Auseinandersetzung mit dem Lernen erleben, wie kann da Wiederholung langweilig sein?

Langweilig wird Wiederholung nur dadurch, dass wir das innere Auge komplett vernachlässigen. Und dann benötigt man zum Üben tatsächlich preußische, stumpfe Disziplin. Ich muss mich dazu zwingen, etwas in der immer gleichen Art ständig zu wiederholen, damit es irgendwann funktioniert. Die Wiederholung bekommt einen schnöden Zweckcharakter. Sie hat keine andere Funktion, als einem in der Zukunft liegendem Ziel zuzuarbeiten. Wenn ich irgendwann Klavier spielen können möchte, dann muss ich die Etüden tausendmal wiederholen. Das ist eine verbreitete, aber kränkliche Motivationsfigur.

Kommen wir auf die Kinder zurück! Sie sind in diesem Zusammenhang privilegiert. Sie brauchen keinen abstrakten Gedankengang, um automatisch alles richtig zu machen. Selbstverständlich war Tochter Naima nicht geistig beschränkt, weil sie immer dieselbe Geschichte gehört hat. In Wirklichkeit vollzog sich in ihrem Inneren eine stürmische Entwicklung, an der sie sich berauschte, da sie sich den Sinn des Gehörten täglich neu erschloss. Das wird plausibel, wenn wir uns noch einmal bewusst machen, dass die verschiedenen Gedächtnisformen, die sich in der kindlichen Entwicklung ausformen, miteinander verschränkt sind. Bei der Ausbildung des semantischen Gedächtnisses entwickeln die Kinder im Umgang mit Gegenständen und kompetenten Sprechern ein Gefühl für die Bedeutung eines Wortes. Diese Wörter, als Bestandteile von Sätzen, erlauben den Kindern nun beim Hören, sich langsam den Sinn von Aussagen zu erschließen. Gleichzeitig beginnen sie selbst zu sprechen und Sätze zu konstruieren. Wichtig ist nun, dass sich Kinder in diesem Stadium den Sinn unbekannter Wörter auch aus der Beziehung zu anderen Wörtern zu erschließen beginnen. Das ist im Land der Bedeutung wie die Eroberung eines fernen unbekannten Kontinents. Was sind denn die Bedeutungen von Wörtern wie »Risiko« oder »Leidenschaft«? Diese Bedeutungen müssen sich die Kinder aus dem Zusammenhang konstruieren. Und genau das machte Naima mit ungeheurer Ausdauer, indem sie der scheinbar immer gleichen Geschichte beständig mehr Sinn abtrotzte, und zwar so lange, bis sie der Meinung war, sie hätte wirklich verstanden, um was es ging. Erst dann war es Zeit für die nächste Kassette. War sie verzweifelt oder frustriert, weil sie die ganze Zeit mit etwas beschäftigt war, das für lange Zeit ihren Horizont überschritt? Im Gegenteil!

Weil es so elementar und wichtig ist, fassen wir an dieser Stelle noch einmal die wesentlichen Tugenden kindlichen Lernens zusammen, die jedes gesunde Kind zeigt, vorausgesetzt, Eltern lassen ihre Sprösslinge gewähren und versuchen nicht, das Rad neu zu erfinden: Alle Kinder sind neugierig und bis in die Haarspitzen motiviert, die Welt zu erkunden zu verstehen. Diese Form der Welterkundung vollziehen Kinder mit jeder Faser ihres Körpers. Alles wird ins Auge gefasst, betastet, befühlt, geschmeckt, gerochen … Im nächsten Schritt wollen Kinder alle Fertigkeiten lernen, die sie sehen und die ihnen vorgemacht werden. Tendenziell suchen sie sich dabei immer Aufgaben, die ihr momentanes Können übersteigen. Wir erinnern uns: das Gehirn ist süchtig nach Neuigkeiten. Diese fordernden Aufgaben fesseln ihre Aufmerksamkeit und haben zur Folge, dass gelernt wird. Da sie oft etwas oberhalb der Könnensschwelle liegen, wird so lange versucht und herumprobiert, bis es endlich klappt. Bei diesem Prozess des Übens zeigen sie eine bewunderungswürdige Ausdauer und lassen sich nur schwer vom Ziel abbringen. Bei dieser Ausdauer hilft ihnen die Neugier auf die eigene Entwicklung – der innere Blick. Deshalb sind Kinder Weg-orientiert, eine Eigenschaft, die sie mit Zen-Meistern teilen. Viele Erwachsene sind in ihrer Ungeduld Ziel-orientiert. Der Weg ist langwierig und langweilig und muss mit Disziplin zurückgelegt werden. Zählen tun nur die raren Erfolgserlebnisse.

Vor diesem Hintergrund wird nachvollziehbar, dass Eltern, aber auch Erzieher und Erzieherinnen Kinder unterstützen sollten, sich immer wieder selbst auszuprobieren, damit sie nach einer Phase des Misslingens zum Erfolg kommen. Dann gibt man ihnen die Gelegenheit, Stolz zu entwickeln. Dabei muss immer klar sein, dass der Fehler, das Misslingen ein notwendiger Bestandteil des Lernens ist. *Das Misslingen vermeiden zu wollen, ist für mich der verhängnisvollste pädagogische Fehler, den Eltern und Lehrer machen können.* Dieser Fehler verdankt sich einer falsch verstandenen Rücksichtnahme, bei der die eigene Unsicherheit und Angst auf das Kind projiziert wird.

Nimmt man aber den Ball auf und bestärkt Kinder in ihrem Mut, immer wieder Dinge in Angriff zu nehmen, denen sie am Anfang noch nicht gewachsen sind, dann gibt ihnen das die Möglichkeit, Könnens- und Selbstbewusstsein zu erwerben. Auf dieser Grundlage kann sich dann eine positive Lernspirale entwickeln. Wenn Kinder merken, dass sich mit Geduld und Spucke eine Nuss knacken lässt, dann fühlen sie sich herausgefordert, das nächste Ziel ein Stückchen höher zu hängen, verbunden mit der Zuversicht, auch dieses zu erreichen.

Genau das Gegenteil passiert, wenn Erwachsene ihre Kinder vor den Erfahrungen, Fehler zu machen, »beschützen« wollen und das Kind für Dinge loben, die es nicht wert sind, ein Lob zu erhalten.

Wie schon erwähnt: Den Betrug des unehrlichen Lobs durchschauen die meisten Kinder sofort. Gleichzeitig bemerken sie, dass sich ihre Fertigkeiten im Vergleich zu denen anderer Kindern, die sie sehr genau beobachten, nicht recht entwickeln. Jedem Kind ist sofort klar, dass es nicht gescheit rennen oder springen kann, nicht weiß, was ein Purzelbaum ist, oder nicht fähig ist, sich an einem Ast hochzuziehen. Eine solche Erfahrung ist dann im Gegensatz zum normalen Misslingen tatsächlich mit negativen Gefühlen verbunden, die den Namen Frustration wirklich verdienen. Und was machen Kinder, die sich unsicher und traurig fühlen? Sie suchen Trost und Zuwendung bei den Eltern, die sich unglücklicherweise noch in der Annahme bestätigt sehen, dass es dem Kind nicht zuträglich ist, wenn es ganz normale Lernerfahrungen macht. Deshalb wird es noch mehr in Watte gepackt. Führt die oben beschriebene Lernspirale nach außen, so geht diese nach innen. Dem Kind wird die Möglichkeit vorenthalten, ein solides Selbstbewusstsein aufzubauen. Das kann erhebliche Konsequenzen haben.

Meister machen's wie die Kinder

Warum bin ich mir eigentlich so sicher, dass die kindlichen Eigenschaften für gelingendes Lernen so essenziell sind? Die Antwort ist verblüffend: Weil Meister genauso lernen wie die Kinder. Das wissenschaftliche Gebiet, das sich mit der Entwicklung von Können und Meisterschaft auseinandersetzt, heißt Expertiseforschung. Diese Fachrichtung ist vergleichsweise jung.

Obwohl nicht alle Geheimnisse der Meisterschaft offenliegen, so gibt es doch bemerkenswerte Ergebnisse, die den Erwerb von Fertigkeiten in einem klareren Licht zeigen. Umso erstaunlicher ist es, dass diese Erkenntnisse in unseren Bildungseinrichtungen nicht gewürdigt werden, obwohl die Erfolge der Intelligenz der Praxis völlig unbestritten sind.

Einer der Gründe ist sicher die unsterbliche Legende vom Musenkuss, die seit Jahrhunderten von Biographen befeuert wird, die hartnäckig die Geschichte glattbügeln und die verworrenen und krummen Wege zum Erfolg verschweigen. Lieber nähren sie den Glauben, dass es immer das göttliche Genie ist, dem sich im lichten Moment der Erkenntnisfunke ins Hirn brennt, sodass er einer Welt in Agonie Licht schenken kann. Die Beispiele sind Legion. Es sei nur an Newtons Apfel erinnert, an die Fama vom schon als Kind vollendeten Mozart, an den skurrilen Albert Einstein und und und … Doch eine Geschichtsschreibung, die sich weniger um Legendenbildung bemüht, zeigt, dass an dieser romantisierten Vorstellung etwas nicht stimmt. Demnach unterscheiden sich Genies weniger durch ihre ungeheure Begabung vom Normalbürger, sondern vielmehr durch eine ungeheure intrinsische Motivation, die sie auch dornenreiche Wege gehen lässt, die sich am Horizont verlieren. Am spektakulärsten wurde die Fama vom begnadeten Genie von dem Basketball-Superstar Michael Jordan erledigt.

Es entspricht einer bei uns verbreiteten Einstellung, dass den Schwarzen das Tanzen, der Blues, das Boxen, das Sprinten und das Basketballspielen im Blut liegen. Mit einem solchen Vorurteil brachte ein unbedarfter Reporter Herrn Jordan zum Kochen. In einem Interview fragte er ihn, was das Geheimnis seines Erfolgs sei. Jordan antwortete ganz ruhig und sagte, dass er mehr Schmerzen aushalten könne als andere. Der Reporter war verwirrt und hakte nach, ob ihm als Schwarzem das Basketballspiel nicht sozusagen in den Genen liege. Mit der dann folgenden Antwort hatte er nicht gerechnet. Jordan fuhr aus der Haut und warf ihm vor, unterbewusst zu unterstellen, dass ein Schwarzer nicht in der Lage wäre, durch harte Arbeit zum Erfolg zu kommen. Er fühlte sich beleidigt, da der Reporter seine unglaubliche Karriere auf eine Marginalie wie das Talent reduzierte. Ein Kollege von Michael Jordan, der Deutsche Dirk Nowitzki, ist dafür bekannt, dass er mit seinem Mentor Holger Geschwindner, den er eigens nach Amerika einfliegen lässt, seltsame Würfe übt. Das macht er, wenn seine Mannschaftskollegen schon längst unter der Dusche stehen. Geschwindner ist die Inkarnation des eigenwilligen, unangepassten Tüftlers, der auf die Meinung des Mainstreams keinen gesteigerten Wert legt. Lieber traut er seinen eigenen analytischen und kreativen Fähigkeiten. Für Nowitzki hatte er sich einen besonders komischen Wurf ausgedacht, der die Amerikaner, die sich in ihrem Männlichkeitsbild eher an einem John Wayne orientierten, anfänglich amüsierte. Nowitzki ließ sich beim Wurf scheinbar unbeholfen nach hinten fallen, um auf diese Weise zu verhindern, dass er geblockt wird. Der »fade-away-jump-shot« war das absolute Gegenstück zu einem »slam dunk«, bei dem ein muskulöser Spieler, der dann auch so aussieht »wie ein richtiger Mann«, den Ball krachend durch den Ring hämmert. Doch das Lachen verging den Spezialisten. Nowitzki war mit dieser Technik so erfolgreich, dass er sein Team, die Dallas Mavericks, zur Meisterschaft führte. Außerdem wurde er zum MVP gewählt, zum besten Spieler der amerikanischen Profiliga. An diesem Beispiel sind zwei Dinge bemerkenswert: Nowitzkis Ausdauer und Geschwindners kreative, aber auch störrische Unangepasstheit.

Diese beiden Charaktereigenschaften vereinen sich harmonisch in einer Person, die wie keine andere, Mozart vielleicht ausgenommen, für die Inkarnation des Genialen gehalten wird. Die Rede ist von dem deutschen Physiker Albert Einstein.

Ein erster oberflächlicher Blick lässt tatsächlich die Vermutung zu, dass ein verkanntes Genie in einem kleinen Zimmer der Stadt Bern die Welt der Physik im Alleingang aus den Angeln hob. Im Jahre 1905 schrieb Einstein – er war nicht mal an einer Hochschule beschäftigt, sondern Angestellter zweiter Klasse des Berner Patentamts – wie im Wahn mehrere Arbeiten. Jede einzelne wäre es wert gewesen, mit dem Nobelpreis geadelt zu werden. Nur folgerichtig, dass man von Einsteins *annus mirabilis* sprach, von seinem Wunderjahr. Wie soll man ein solches Phänomen anders erklären als mit naturgegebener Begabung, mit göttlicher Inspiration? Zweifellos, Einstein war ein Genie, bloß lag seine Begabung definitiv an anderen Stellen, als gemeinhin vermutet wird. Wieder kommt man durch ein Interview auf die richtige Spur und wieder blieb ein völlig verstörter und um seine Vorurteile betrogener Journalist zurück.

»Stirn und Nase«, antwortete Einstein auf die Frage, was ihn von weniger erfolgreichen Kollegen unterscheide. Der Herr von der Presse verstand nicht, was Einstein meinte. Aus diesem Grunde erläuterte der Physiker seine Metapher: Die Nase sei Ausdruck seiner wissenschaftlichen Intuition, seiner Kreativität, seines Gespürs für die entscheidende Fragestellung. Die Stirn aber versinnbildlichte zwei weitere für den Erfolg maßgebliche Eigenschaften. Erst mal wäre sie ein Symbol für unbeugsame Ausdauer und Hartnäckigkeit. Einstein selbst sprach immer von seiner maultierartigen »Starrnackigkeit«. Sie wäre aber auch Symbol für seine borstige Unangepasstheit, für den Mut, zu seinen Überzeugungen zu stehen, wenn die anderen mit dem Finger auf einen zeigten, und in letzter Konsequenz sogar für Kampfbereitschaft.

»Stirn und Nase« – ich persönlich finde dieses Duo so eingängig und prägnant, dass ich es an anderer Stelle schon einmal als »Einsteins pädagogische Formel« bezeichnet habe. Ich mag dieses Duo so, weil Menschen mit neuen Ideen von der Gemeinschaft nur sehr selten mit offenen Armen empfangen werden. Meistens sind sie gezwungen, entschlossen für ihre Überzeugungen zu kämpfen. Manchmal bis zur Selbstaufgabe. Manchmal bis zur Selbstzerstörung. Das ist fast immer ein anstrengender, entnervender Kampf, der viele visionäre Denker verzweifeln ließ. Einige verloren den Verstand, andere nahmen sich sogar das Leben. Und auch für kreative Schüler ist das ein ernst zu nehmendes Problem.

Mein damals zwölfjähriger Schulfreund Roland Genske schaffte etwas wirklich Außergewöhnliches. Eines Morgens kam er mit einer großen Holzkiste unter dem Arm in die Schule. Auf der Oberseite der Kiste waren viele Lämpchen und Schalter. Was war das? Roland hatte aus alten Relais der Post einen Rechenautomaten konstruiert! Ohne irgendeine Bauanleitung, nur durch eigenes Nachdenken! Man muss wissen, dass Wissenschaftler, die Ähnliches vollbracht haben, heute als Heroen der Geschichte gefeiert werden. Aber mit Rolands Maschine gab es ein winziges Problem. Sie verrechnete sich an einer Stelle. Und genau dieser Fehler war unserem Mathematiklehrer, dem er die Maschine stolz vorführte, einen abschätzigen Kommentar wert. Roland reparierte die Maschine nicht. Was wäre aus ihm geworden, wenn er mehr Stirn gehabt hätte?

Ein neuer Einstein?

In diesem Zusammenhang möchte ich eine weitere Geschichte einflechten, die deutlich macht, wie wichtig die Stirn ist, und die außerdem zeigt, wie die Schrecken der Vergangenheit in der Gegenwart rosarot gemalt werden. Mit meinen Kindern besuchte ich in Wien das Museum für Geschichte der Medizin, in dem es unglaubliche anatomische Wachspräparate in großen gläsernen Vitrinen zu bestaunen gibt. Deren Anblick schlug meinen Töchtern ein bisschen auf den Magen. Beim Hinausgehen entdeckte ich ein Porträt des heute berühmten Arztes Ignaz Semmelweis an der Wand, den die Wiener auf diese Weise für sich zu vereinnahmen suchten. An dieser Stelle aufgehängt suggerierte das Bild, dass der visionäre Semmelweis ein angesehenes Mitglied im Pantheon der Wiener Medizin gewesen wäre. Die Wahrheit ist eine andere. Semmelweis ist ein Beispiel für die Tatsache, wie ein unangepasst denkender kluger Mensch von Ignoranten in den Wahnsinn getrieben wird. Ignaz Semmelweis wirkte in der Mitte des 19. Jahrhunderts. Zu dieser Zeit waren Kinder- und Müttersterblichkeit nach der Entbindung erschreckend hoch. In bestimmten Kliniken kamen auf hundert Geburten zehn Todesfälle. Die Gründe waren unbekannt. Semmelweis fiel auf, dass die Professoren vor den Entbindungen oft in der Anatomie Leichen präpariert hatten und dann bei der Geburt in den Mutterschoß griffen, ohne sich vorher die Finger gewaschen zu haben. Semmelweis vermutete, dass die stinkenden »Kadaverteile«, wie er sie nannte, Frau und Kind Schaden zufügten. Er glaubte, dass das grassierende Kindbettfieber mit dieser Praxis in Verbindung stand. Er wurde ausgelacht. Doch Semmelweis machte die Probe aufs Exempel. In einer Station veranlasste er, dass alle, die mit Gebärenden zu tun hatten, ihre Hände vor der Entbindung in Chlorwasser baden mussten. Das Ergebnis war frappierend. Die Überlebensquote sprang drastisch nach oben. Deutlicher ging es nicht. Doch Semmelweis half das Ergebnis nicht. Die Granden der Medizin machten sich weiterhin über ihn lustig. Sie fragten sich, ob er geistig zurechnungsfähig sei, und überlegten ernstlich, ob die hohe Sterblichkeit mit spukartigen *Miasmen* zu tun hätte, fauligen Gasen, die angeblich bei ungünstigen Witterungsbedingungen aus dem Boden aufstiegen. Semmelweis führten, noch einen mehr als zwei Jahrzehnte andauernden Kampf gegen die Ignoranz, bevor er zerbrach. 1865 wurde er in eine psychiatrische Klinik bei Wien eingeliefert. Zwei Wochen später war er tot. Man misshandelte ihn und ausgerechnet er starb an den eitrigen Infektionen der Wunden, die man ihm beigebracht hatte. So ging das Leben eines Forschers zugrunde, der mit seinen Erkenntnissen bis heute Millionen von Menschen das Leben gerettet hat.

Als ich den Mitarbeiter des Instituts auf diesen verwirrenden Sachverhalt ansprach, lavierte er umständlich rum, bis mir die Zornesader schwoll. Ich wies ihn darauf hin, dass es ein merkwürdiger Zufall sei, dass im selben Gebäude auch noch das Kurt-Gödel-Institut für Informatik beheimatet sei und das Museum zu allem Überfluss auch noch in der Boltzmanngasse läge.

Das Mathematikgenie Kurt Gödel erhielt in Österreich nie eine Professur und musste erst nach Princeton emigrieren, um eine angemessene akademische Wertschätzung zu erhalten. Sein bester Freund war übrigens Einstein. Der

Physiker Ludwig Boltzmann zog sich mit seiner wegweisenden kinetischen Gastheorie den gesammelten Spott der Forscherkollegen zu, sodass er sich schließlich das Leben nahm. Er liegt auf dem Wiener Zentralfriedhof begraben.

In diesem Zusammenhang ist Wien allerdings ein rein zufällig ausgesuchter Ort. Man könnte mit demselben Recht meinen Wohnort Tübingen wählen. Der Himmelsstürmer Johannes Kepler wirkte verarmt und isoliert in Linz, weil er in Tübingen wegen seiner freigeistigen religiösen Ansichten keine Professur bekam. Der große Mathematiker David Hilbert bewarb sich im Schwäbischen ebenfalls vergeblich auf eine Stelle. Hätte er sie bekommen, wäre die Geschichte der Naturwissenschaften anders verlaufen. Er bekam sie nicht. Dafür machte er dann Göttingen für Jahrzehnte zum Weltzentrum für Physik und Mathematik.

Der Psychologe Ashleigh Montagu weist zu Recht darauf hin, dass sich viele der Menschen, die wir mit dem Terminus »Genie« bezeichnen, eine kindliche Begeisterungsfähigkeit erhalten hätten. Er bezeichnet diese als Neotonie. Aber wie wir gerade am Beispiel von Semmelweis gesehen haben, ist das nur ein wichtiger Aspekt. Einsteins Stirn ist mindestens genauso wichtig!

Man muss sich in diesem Zusammenhang auch einmal klarmachen, wie viel Mut man eigentlich braucht, um wie ein Kind zu denken. Schließlich besteht die realistische Gefahr, ausgelacht oder schlicht für wahnsinnig gehalten zu werden.

Albert Einstein, den man öffentlich zur Witzfigur machte und als wissenschaftlichen Dadaisten bezeichnete, beschäftigte sich zum Beispiel ernsthaft mit der Frage, was passieren würde, wenn man wie der Baron von Münchhausen auf einem Lichtteilchen reitet und dann eine Taschenlampe anmacht. Welche Geschwindigkeit haben die Teilchen, die aus der Lampe herausfliegen? Macht es für deren Geschwindigkeit etwas aus, ob man gerade nach vorne oder aber nach hinten leuchtet? In einem anderen Gedankenexperiment stellte sich Einstein vor, in einer Fahrstuhlkabine ohne Fenster eingesperrt zu sein, die im Weltall schwebt und an deren Decke ein Seil befestigt ist. Jetzt kommt ein Dämon und beginnt an diesem Seil zu ziehen – immer schneller und schneller. Einstein wird auf den Boden gedrückt. Kann er dieses Gefühl von dem Gefühl der Schwere auf der Erde unterscheiden?

Wie viel Stirn muss man haben, seiner Nase zu trauen, um solche kindlich anmutenden Gedanken zu Kristallisationspunkten für noch zu entwerfende Theorien zu machen? Man riskiert ja nicht nur, für verrückt gehalten zu werden. Der Weg von der Idee zur fertigen Theorie liegt ja in unbekannter Ferne. Kein Wissenschaftler weiß am Anfang, wie viel Zeit und Energie er braucht, um endlich zu validen Ergebnissen zu kommen. Und niemand weiß, ob er sich nicht völlig verrennt und sein ganzes Leben einer spleenigen Idee opfert, die sich am Ende als Luftschloss herausstellt. Und kann man ermessen, wie beschwerlich der Weg ist, solche bildhaften Gedanken wie die Einsteins in eine konsistente mathematische Form zu gießen?

Genau an dieser Stelle zeigt sich Einstein als ganz gewöhnlicher Erdenbürger, der wie alle anderen die Zähne kräftig zusammenbeißen musste, um sich dieses schwierige Terrain Schritt für Schritt zu erkämpfen. War der Aufwand bei der Entwicklung der Speziellen Relativitätstheorie noch überschaubar, so kam er bei der mathematischen Ausformulierung der Allgemeinen Relativitätstheorie an seine Grenzen und war der Verzweiflung nah. Deshalb kann man mit einer gewissen Berechtigung darüber spekulieren, ob er alle Hürden genommen hätte, wenn ihm nicht befreundete Mathematiker mit Rat und Tat zur Seite gestanden hätten. In diesem Zusammenhang zeigt sich Einstein als Wissenschaftler mit menschlichem Antlitz, der für den Erfolg genauso kämpfen musste wie jeder andere auch. Musenkuss? Göttlicher Funke? Nein: Stirn und Nase!

Wer der Meinung ist, dass Einstein eine singuläre Erscheinung ist, täuscht sich. In Amerika tragen Studenten ein T-Shirt, auf dem gedruckt steht: »Es werde Licht und es kam Maxwell.« Darunter stehen vier Formeln, die Nicht-Physikern völlig gleichgültig sind. Für Physiker aber sind sie so ziemlich das Schönste und Eleganteste, was man sich vorstellen kann. Diese vier Formeln beschreiben die gesamte nichtrelativistische elektromagnetische Theorie. In den Maxwell'schen Gleichungen kondensiert sich auf allerengstem Raum gebündeltes Wissen. Wie ging alles los? Hatte Maxwell ein Erweckungserlebnis, sprang nächtens aus den Federn und warf die Gleichungen mit einem Schwung auf das Papier? Nein. Wie Einstein jonglierte er jahrelang in seinem Kopf mit anfänglich kurios wirkenden Bildern. Vor seinem inneren Auge sah er rotierende Holzräder, Zylinder und Wasserwirbel. Irgendwann wurden diese bildlichen Vorstellungen aber durch entsprechende mathematische Termini ersetzt. Und wieder war das ein Weg, der extrem viel Geduld und Ausdauer verlangte.

Kreativität. Geduld und Ausdauer. Mut, sich den Herausforderungen zu stellen. Unbeirrbarkeit. Sich von Misserfolgen nicht vom Weg abbringen lassen. Kommt Ihnen das bekannt vor? Kinder machen es vor. Fallen tausendmal, bevor sie stehen und dann gehen. Probieren eine Sache so lange, bis sie funktioniert. Und Meister machen es genauso. Damit haben wir ein wesentliches Erfolgsrezept umrissen und werden nun konkreter, um die Ingredienzen dieses Rezepts mit Fakten zu untermauern.

Die Expertiseforschung hat ergeben, dass 10.000 Stunden Übung notwendig sind, damit man eine Sache wirklich beherrscht. Wenn Sie ein Musikinstrument jeden Tag etwa 3 Stunden üben und nur sonntags eine Pause machen, dann brauchen Sie gute 10 Jahre, bis Sie wirklich gut spielen. Auch diesbezüglich lag Einstein richtig: »Zehn Jahre Geige üben, um passabel zu spielen, wie armselig ist doch der Mensch!«

An der Praxis, das muss deutlich gesagt werden, führt also kein Weg vorbei. Woher man das weiß? Ganz naheliegend untersuchte man Musikstudenten. Man stellte sich die Frage, was die guten von den weniger guten unterschied. Der wesentliche Unterschied lag in der Spieldauer. Auch in einem anderen Metier, das mit genialischer Intelligenz assoziiert wird, weisen die Ergebnisse in eine ähnliche Richtung. Beim Schachspielen wird der Status des Spielers mit Hilfe eines Punkteindex ausgedrückt. Auch hier zeigte sich, dass die Anzahl der schon gespielten Partien und die Spielstärke stark korreliert sind. Da Schachspielen ja gerne mit herausragenden intellektuellen Fähigkeiten in Verbindung gebracht wird, mag in diesem Zusammenhang noch interessieren, dass das nicht stimmt. Dasselbe gilt übrigens für das Gewinnen von Nobelpreisen. Tatsächlich benötigen Schachgroßmeister und Nobelpreisträger einen nicht über die Maßen hohen Intelligenzquotienten. Er sollte allerdings nicht niedriger als 120 liegen. Das ist in vielen Fällen deutlich unter dem IQ, den man den Hochbegabten abverlangt, die bei uns an Gymnasien besonders beschult werden. Ob einer von diesen aber ein künftiger Großmeister oder gar Nobelpreisträger wird, ist fraglich. Wir halten kurz fest: Ein IQ von 120 ist nicht besonders beeindruckend. Das Geheimnis liegt offensichtlich woanders.

Um an dieser Stelle nicht falsch verstanden zu werden: Talent ist sicher förderlich, um eine Fertigkeit schnell zu lernen. Es ist aber nur eins von vielen Mosaiksteinchen und nicht das wichtigste. Es ist nicht ausgeschlossen, dass jemand mit bescheidenem Talent, aber fanatischer Hingabe eine Sache meisterlich lernt. Einen Meister aber, der nur talentiert ist, ohne zu üben, gibt es nicht. Da die Förderung von Talenten bei uns einen so hohen Stellenwert besitzt und für mein Gefühl häufig missverstanden wird, möchte ich kurz aus meiner eigenen Unterrichtspraxis berichten.

Im Japanischen sagt man: »Talent ist eine Bürde.« Diesen widersprüchlich klingenden Satz kann ich unterschreiben. Von allen Schülern und Kollegen, die es als Tänzer geschafft haben, sich zu professionalisieren, und von denen dann mancher auf großen Bühnen reüssierte, würde ich keinen einzigen als besonders talentiert bezeichnen. Das gilt übrigens auch für mich selbst. Gleichzeitig tanzt von denen, die am Anfang wie im Flug zu lernen schienen, niemand mehr. Was passiert da?

Ich hatte einen Schüler, den ich als »Mister 75 %« bezeichnet habe. Während dieser Junge die ersten 75 Prozent flott erreichte, krebsten die anderen umständlich herum, bis sie auf diesem Niveau ankamen. Erstaunlicherweise wurde er dann aber von einigen überholt, darunter solchen, die am Anfang die größten Probleme hatten, während der Schnellstarter auf seinem Level wie festgefroren schien. Dieses rätselhafte Verhalten habe ich häufiger beobachtet. Das Geschenk, etwas schnell zu lernen, kann den Lernprozess langfristig massiv beeinträchtigen. Es verhindert die Einsicht, dass man trotzdem stetig arbeiten muss, um sich zu verbessern. Aus diesem Grund ist Selbstzufriedenheit, die sich der Illusion verdankt, etwas zu können, Gift für das Lernen. Wir werden noch sehen, dass es ein Exponentialgesetz des Lernens gibt. Das bedeutet, dass man immer mehr üben muss, um immer kleinere Lernfortschritte zu erreichen! Für Menschen, die eine Kunst beruflich ausüben möchten, hat das zur Folge, dass sie ununterbrochen Dinge wiederholen müssen. Ein absolut unsinniges Unterfangen für jemanden, der schon glaubt, eine Sache zu beherrschen. Hier begegnen wir wieder dem verhängnisvollen Blick von außen, der dem Lernen nicht zuträglich ist. Für die Talentierten kommt erschwerend hinzu, dass sie für ihr Talent ununterbrochen gelobt werden. Gerade Kindern glaubt man damit etwas Gutes zu tun. Das ist ein Irrtum. Carol Dweck hat in eindrücklichen Studien gezeigt, dass Kinder, die für ihr Talent gelobt werden, von denen abgehängt werden, die man nicht für ihr Talent, sondern für ihre Anstrengung lobt. Die Talentierten verharren auf einem mittelmäßigen Niveau, da sie den Mut verlieren, Neues zu wagen. Ein Misslingen könnte am eingeflüsterten Status ihrer Begabung nagen und dieses Verlustrisiko ihres Selbstkonzepts ist ihnen zu hoch. Deshalb bleiben sie lieber in der Komfortzone und vermeiden es, ein Wagnis einzugehen. Die aber, die an einer Sache dranbleiben, sind das vorläufige Misslingen gewohnt und nehmen es billigend in Kauf, da sie davon ausgehen, dass sich das Problem mit etwas Anstrengung lösen lässt. Deshalb bereitet es ihnen auch keine Schwierigkeiten, immer wieder neue Herausforderungen anzunehmen. Das bestätigende Gefühl, das aus solchen Erfahrungen erwächst, nennt man in der Psychologie *Selbstwirksamkeit*. Erinnern Sie sich an das Kind, das zuerst auf den Stuhl will und dann auf den Tisch, um vom Tisch am besten bis zur Hängelampe zu springen und sich auf diese Weise bis zur Decke zu hangeln?

So lehrt die Unterrichtspraxis, dass es ganz besonderer Aufmerksamkeit bedarf, Talentierte zu unterrichten. In gewisser Weise muss man sie ein bisschen vor sich selbst schützen, um ihnen zu ermöglichen, normale Lernerfahrungen zu erwerben, damit sich ihre Begabung richtig entwickeln kann. Leider wird in der Talentförderung oft das Gegenteil gemacht. Talente werden hofiert und totgelobt, um dann schon bei erstaunlich geringen äußeren Belastungen einzuknicken. Es ist bekannt, dass im Sport Stars oft nicht aus den Talentschulen kommen. Die notwendige Härte, um sich durchzusetzen, entwickeln nicht selten gerade die, die durchs Raster fallen. Denken Sie kurz an den Skisport: Hermann Maier, Bode Miller oder der legendäre Ingemar Stenmark. Alles individualistische Eigenbrötler.

Zurück zur 10.000-Stunden-Regel. Diese wurde nicht nur im Zusammenhang mit Schachgroßmeistern oder Musikern untersucht, sondern auch in ganz anderen Zusammenhängen. Man beschäftigte sich etwa mit der Arbeitseffizienz von Fabrikarbeitern. Und wieder beobachtete man, dass es erstaunlich lange dauerte, bis sie eine Sache perfekt beherrschten. Frauen, die in Kuba Zigarren drehen, müssen 10.000 Stunden praktizieren, bis sie es mit fast nicht mehr zu übertreffender Geschwindigkeit tun.

Trotzdem greift die 10.000-Stunden-Regel alleine zu kurz, um das Rätsel der Könnerschaft zu verstehen. Das lehrt das »Straßenmusikerparadoxon«.

Tübingen war lange Zeit berühmt für seine Freiluftkonzerte, die aber einigen wenigen Anwohnern so auf die Nerven gingen, dass sie den Rechtsweg beschritten, um sie zu vermeiden. Dadurch hat sich das Straßenbild nachhaltig verändert. Während früher die Pekingoper, Carlos Santana, Cassandra Wilson oder Michael Brecker auf dem Marktplatz gastierten, verdingen sich jetzt unzählige Straßenmusiker in Tübingen. Man kann das auch so ausdrücken: Nach dem Sturz der Titanen hat sich eine Art musikalischer Sekundärwald ausgebreitet. Das fahrende Folk ist heimisch geworden. Und so hat jede Straßenecke ihre eigene Melodie, die bei den Bürgern zu einer Pawlow'schen Konditionierung führt. Kaum ertönt »The House of the Rising Sun«, schon sieht man die zerknautschte Physiognomie des Gitarreros vor seinem inneren Auge. Dasselbe gilt für »O sole mio« oder »Besame mucho«.

Was hat das mit der 10.000-Stunden-Regel zu tun? Viele der Instrumentalartisten verbringen jeden Tag etwa acht Sunden musizierend auf der Straße. Das bedeutet, dass sie das Stadium exzellenter Könnerschaft eigentlich schon nach vier Jahren erreicht haben sollten. Doch davon sind sie weit entfernt. Und sie werden es auch nie erreichen. Einigen reicht ein Repertoire von fünf Stücken, die scheppernd im immer gleichen Duktus zum Besten gegeben werden.

Warum ist das so? Erinnern Sie sich, dass Kinder immer Dinge tun wollen, die sie noch nicht können? Warum eigentlich? Das ist keine von einer irrationalen Hybris befeuerte Lernstrategie, sondern definitiv die effizienteste Möglichkeit, unser Gehirn aufzuwecken und es dazu zu bringen, sich etwas zu behalten. Wie schon betont, sieht unser Denkorgan aber keine Veranlassung, aktiv zu werden, solange wir immer wieder Dinge tun, die wir schon können. Es fängt erst an, sich zu verändern, wenn Veränderungen auftauchen, die gemeistert werden müssen. Im Fall der Tübinger Straßenmusiker ist, von wenigen Ausnahmen wie dem Akkordeonvirtuosen Peter Weiß abgesehen, der Zwang zur Veränderung nicht gegeben. Im Gegenteil: Die reduzierte Darbietung schürt das Mitleid der Passanten und führt dazu, dass das Portemonnaie geöffnet wird. Da die Motivation des Straßenkünstlers fast immer darin besteht, mit Hilfe eines Instruments sein Dasein zu fristen, besteht keine Notwendigkeit, an der Qualität der Darbietung etwas zu verbessern. Das würde sich erst ändern, wenn die Passanten nur einen gelungenen Vortrag belohnten. Ein auf der Geige gekrächztes »O sole mio« würde den Beutel nicht mehr füllen.

Das Kindern genuine Verhalten, tastend die eigene Leistungsgrenze zu erkunden, nennt sich in der Expertiseforschung »proximales Lernen« oder auch »deliberate praxis«. Die Effizienz dieser Lernstrategie wurde auch in ganz anderen Zusammenhängen bestätigt. So beobachtete man zum Beispiel Schlittschuhläuferinnen, die unterschiedlich trainierten. Die einen, teils über die Maßen fleißig, praktizierten besonders gerne die Sprünge, die sie schon beherrschten. Die anderen waren mutiger, versuchten Neues und landeten laufend auf dem Hintern. Welche Damen wurden die besseren Läuferinnen? Wer gehen will, muss fallen lernen! Was für Kinder gilt, gilt auch für Erwachsene. Die vorsichtigen zementierten den Status quo, die Mutigen entwickelten sich weiter. Das bedeutet, dass man immer wieder den Mut haben muss, sich diesem Gefühl der Hilflosigkeit auszusetzen. Jeder, der ein Musikinstrument lernt und über ein gewisses Niveau hinauskommen möchte, kennt diese Erfahrung.

Betrachten wir in diesem Zusammenhang einmal Instrumente, bei welchen man mit seinen Händen völlig verschiedene Sachen machen muss. Das ist beim Klavierspielen so, aber auch beim Schlagzeug- oder Congaspielen. Fortgeschrittenere Instrumentalisten spielen mit der linken Hand einen ganz anderen Rhythmus als mit der rechten. Die angenehme Art, das zu üben, besteht darin, zuerst den Rhythmus der einen Hand bis zum Exzess zu perfektionieren und dann den der anderen. Jetzt müsste es mit der Mischung doch wohl klappen – oder? Weit gefehlt. Das Ergebnis ist niederschmetternd. Natürlich muss man mit den beiden Händen in der Lage sein, den jeweiligen Rhythmus zu spielen. Aber so schafft man die Aufgabe nicht. Um sie zu meistern, muss man sich ihr stellen. Das bedeutet, man versucht mit beiden Händen beide Rhythmen synchron zu spielen. Diese Erfahrung ist am Anfang oft ernüchternd, da das im Allgemeinen überhaupt nicht funktioniert. Aber das Hirn ist jetzt wach und schaltet auf Lernen. Und siehe da, mit der Zeit gelingt es, die vertrackten Rhythmen miteinander zu verbinden und zu harmonisieren.

Selbstverständlich ist es nicht einfach, dieses vorläufige Scheitern immer wieder auszuhalten. Trotzdem gibt es keine andere Wahl, als diese Misslingenskompetenz zu entwickeln. Dafür gibt es einen weiteren Grund. Lernen bedeutet nämlich nicht nur, Dinge zu tun, die man noch nicht kann. Lernen bedeutet nicht nur tausende von Stunden Wiederholung. Lernen bedeutet nicht nur, immer wieder an die eigene Leistungsgrenze zu gehen. Lernen bedeutet vor allen Dingen auch, das Exponentialgesetz des Lernens zur Kenntnis zu nehmen! Dieser Satz ist erklärungsbedürftig.

Obwohl jeder das Exponentialgesetz in der Schule lernt, haben wir meist wenig Gefühl für Zusammenhänge, die dem Exponentialgesetz gehorchen. Das ist erstaunlich, da diese gerade für das Verständnis biologischer Wachstumsprozesse elementar sind. Mit meinen Töchtern rede ich in diesem Zusammenhang immer über »Seerosenmathematik«: Die Seerosen auf einem großen See verdoppeln ihre Oberfläche jeden Tag. Nach hundert Tagen ist die Hälfte der Wasseroberfläche bedeckt. Wie viele Tage wird es noch dauern, bis der gesamte See bedeckt ist? Viele Menschen antworten: »100 Tage.« Das ist der »Telefonkostenmathematik« geschuldet. Eine Minute kostet einen Euro, 100 also 100 Euro und 200 Minuten schlagen mit 200 Euro zu Buche. Das ist eine lineare Funktion, die wachsenden Seerosen gehorchen aber besagter Exponentialfunktion. Deshalb dauert es *nur noch einen einzigen Tag*, bis kein Wasser mehr zu sehen ist. Hätten wir ein tieferes Verständnis für das Wesen exponentiellen Wachstums, dann würden wir unser Geld früher verzinslich anlegen, vor allen Dingen müssten wir Bevölkerungs- und Wirtschaftswachstum und den damit verbundenen Raubbau an unserem Planeten Erde sorgfältiger im Blick behalten. Und auch zum Lernen sollten wir eine Einstellung entwickeln, die sich bevorzugt von der Tugend der Geduld nährt.

Tatsächlich muss in diesem Zusammenhang mit einer verbreiteten Spruchweisheit aufgeräumt werden. Im deutschen Volksmund heißt es: »Aller Anfang ist schwer.« Das ist nur oberflächlich betrachtet richtig. Genau genommen ist aller Anfang leicht. Schauen wir auf einen Bereich, in dem der Leistungszuwachs einfach messbar ist. Wenn Sie lange nichts für ihren Körper getan haben und eine Hantel in die Hand nehmen, dann werden Sie sich wundern, wie schnell Ihre Kraft wächst. Nach kurzer Zeit sind Sie in der Lage, das doppelte Gewicht zu stemmen. Wenn Sie nun dieselbe Zeit weitertrainieren, werden Sie aber feststellen, dass sich die Kraft leider nicht mehr verdoppelt (»Telefonkostenmathematik«). Sie müssen jetzt einen viel größeren zeitlichen Trainingsaufwand aufbringen (»Seerosenmathematik«) als zu Beginn. Unglücklicherweise wird dieses »Missverhältnis« immer ausgeprägter. Irgendwann sind Sie dann so weit, dass Sie für einen einprozentigen Zuwachs zehn Jahre benötigen und für das nächste Prozent zwanzig Jahre. Diese spezielle Beziehung von Zeit und Leistungszuwachs gilt nicht nur für das Krafttraining, sie gilt für alle Arten des Lernens. Das ist übrigens die dünne Luft, in der sich alle Meister ihres Fachs bewegen.

Wie soll man einen so steinigen Weg zum Können schaffen? Beim Lernen tun wir permanent Dinge, die wir noch nicht beherrschen und die uns genau aus diesem Grund auch nicht direkt gelingen. Und langmütiges Rumlavieren an der Leistungsgrenze ist unabdingbare Voraussetzung für den Lernerfolg. Zu allem Überfluss steigt der Aufwand, besser zu werden, auch noch explosionsartig. Wenn man jetzt noch berücksichtigt, dass man sich als Lernender eigentlich immer auf einem Plateau befindet, auf dem nichts vorwärtszugehen scheint, und es nur manchmal zu Erfolgserlebnissen kommt, die mit wachsender Praxis aber immer seltener auftauchen, dann stellt sich die berechtigte Frage: Wie kann die viel zitierte Frustration vermieden werden? Das Zauberwort heißt Motivation!

»Schmeiß dein Herz über den Graben, ...«

Die Motivation ist der Brennstoff, der eine Leidenschaft trotz aller Schwierigkeiten ein Leben lang befeuern kann. Gleichzeitig befinden wir uns jetzt aber in einem Bereich, der sich einer einfachen empirischen Analyse entzieht. Was soll man tun, wenn sich Dinge nicht einfach messen lassen? Es bietet sich an, mit Leuten zu sprechen, die in ihrem Bereich meisterlich sind, und ihnen bei der Ausübung ihrer Tätigkeit zuzuschauen. Was für eine Art von Motivation ist es, die sie treibt? Ist es gesellschaftliche Anerkennung, Reichtum, Macht? Oder vielleicht eher ein zweckfreies Interesse, wobei es einleuchtet, dass auch einem Begeisterten seine Lebensumstände nicht gleichgültig sind? Obwohl es selbst das gibt. Grigori Perelman, ein Mathematiker, der vor kurzem eines der größten offenen Probleme der Mathematik löste, verschmähte ein ausgelobtes Preisgeld von einer Million Euro und lehnte die Annahme der Fields-Medaille ab. Das ist eine Auszeichnung, die mit dem Nobelpreis vergleichbar ist. Er zog es vor, weiter mit seiner Mutter in einer runtergekommenen Wohnung in Sankt Petersburg zu hausen. Überflüssig zu erwähnen, dass er seine Ergebnisse auch nicht in einem angesehenen Journal veröffentlichte, sondern im Internet.

Meine eigenen Beobachtungen zeigen, dass Ausnahmekönner oft ein tief verwurzeltes eigenes Interesse haben, das sich *unmittelbar aus der Sache* nährt. Dieses Interesse lässt sie vor größten Schwierigkeiten nicht zurückschrecken. Man fühlt sich an die alte Kosakenweisheit erinnert: »Schmeiß dein Herz über den Graben, dann folgt das Pferd von alleine!«

Der gerade verstorbene Dolph Seilacher war in Tübingen eine graue Eminenz. Wenn der über Achtzigjährige mit seinem Motorroller durch die Stadt fuhr, ahnte niemand, dass er es mit einer Ikone seines Fachs zu tun hatte. Seilacher war in Amerika viel bekannter als hier. Er hatte den Crawford-Preis für Geologie erhalten. Dieser ist mit dem Nobelpreis vergleichbar. Seilacher ist berühmt geworden, da er eine ganz neue Forschungsrichtung etablierte. Anhand der akribischen Untersuchung von Fossilien versuchte er auf das Verhalten von Lebewesen zu schließen, die vor etwa 500 Millionen Jahren gelebt haben. Warum ist ein prähistorischer Wurm nach links gekrochen und nicht nach rechts? Wie beantwortete Seilacher solche Fragen? Mit Hilfe eines Hightech-Apparate-Parks? Seilacher näherte sich solchen Fragestellungen mittels einer antiquiert wirkenden Meditation. In tagelanger Arbeit zeichnete er die fossilen Spuren längst verstorbener Lebewesen ab. Das tat er mit einer speziellen Vorrichtung – einer *camera lucida*. Nach eigenen Angaben verschmolz er auf diese Weise immer mehr mit dem Gegenstand seines Interesses, bis sich in ihm Ahnungen bildeten (Einsteins Nase), die er dann beharrlich verfolgte (Einsteins Stirn). Dachte er während dieser Meditationen an die Verwertbarkeit der

Ergebnisse und machte sich Gedanken darüber, wie viele Impact-Punkte er bekommen hätte, wenn er sie in einem High-Ranking-Journal veröffentlicht haben würde? Wohl kaum.

Mit Valentino Braitenberg verband mich eine fast zwei Jahrzehnte lang gepflegte Tradition, die wenig zeitgemäß zu sein scheint. Wir philosophierten gerne über das Gehirn – völlig zweckfrei, und zwar immer nachts von 23 Uhr bis 3 Uhr morgens. Hatte das einen Sinn, der außerhalb der Tätigkeit selbst lag? Nein. Valentino ist jetzt zwei Jahre tot und ich vermisse ihn als Gesprächspartner. Immerhin haben wir es geschafft, in Tübingen einen runden Tisch zu organisieren – den Tavola Valentino. Der einzige Sinn dieser Veranstaltung besteht darin, miteinander zu essen und zwanglos über das Gehirn zu reden – aus purem Interesse. Am Anfang waren wir ein kleines Häuflein, jetzt werden wir immer mehr. Offensichtlich scheint es doch ein Bedürfnis zu geben, etwas erst mal ohne äußeren Grund zu tun. Und wer weiß, vielleicht entsteht dort in diesem heiteren Biotop ja mal eine Idee, die dann ihren Weg nach außen geht.

Und noch etwas. Viele der später erfolgreich gewordenen Künstler, Sportler oder Wissenschaftler, mit denen ich geredet habe, sind ausgewiesene »Kurvenfahrer«. Von einer geraden Zielorientierung, die uns gerne als Idealvorstellung der Bildungsforschung verkauft wird, ist wenig zu sehen. Deutlich ist jedoch, dass diese Menschen auf ihren krummen Wegen einer inneren Berufung folgen, die sie leitet.

Schlagen wir an dieser Stelle einen Bogen zurück und fassen kurz zusammen: Der Mensch ist evolutionär so erfolgreich, weil er ungeheuer anpassungsfähig ist. Verschiedene Kulturen haben sich in fast allen denkbaren Lebensräumen unseres Planeten angesiedelt. Menschen leben in den Hochtälern des Himalaya, im tropischen Dschungel des Amazonas, in der Wüste Gobi und am Nordkap. Sie sind so anpassungsfähig, weil sie nicht nur auf ihre stammesgeschichtliche Erfahrung zurückgreifen können, die in den Genen gespeichert ist, sondern auch auf das gesammelte Wissen, das die entsprechenden Kulturen in ihren Lebensräumen erworben haben. Dieses Wissen wird in großen Teilen sprachlich vermittelt, aber gerade auch durch das Beobachtungslernen. Ein Wissender zeigt etwas, oft ohne es zu erklären, ein Lernender versucht es so lange nachzumachen, bis es funktioniert. Sprechen und Beobachtungslernen. Nichts scheint uns geläufiger und selbstverständlicher zu sein. Und doch sind genau diese Fertigkeiten die wahren Königsdisziplinen der Neurobiologie, da sie motorisch von abgründiger Komplexität sind. Deshalb ist es nicht erstaunlich, dass Kinder lange hilflos erscheinen. Aber hinter dieser Fassade vollzieht sich mit rasender Geschwindigkeit eine Revolution. Fast wie von alleine entwickeln sie alle mentalen Werkzeuge, die notwendig sind, um sich die Welt des Wissens zu erschließen. Einzige Voraussetzung für diese magisch anmutende Entwicklung: Man muss den Kindern Zeit schenken, sich mit ihnen beschäftigen, viel mit ihnen sprechen, viel mit ihnen spielen. Und natürlich dafür Sorge tragen, dass sie sich nicht verletzen und sich aufgehoben und geborgen fühlen.

Wenn wir als Erwachsene diese eigentlich selbstverständliche Fürsorge zeigen, können wir beobachten, in welcher Weise das Gehirn der Kinder optimal lernt. Von großer Motivation getrieben, scheuen sie sich nicht, sich dauernd mit Dingen zu beschäftigen, die sie noch nicht beherrschen. Doch kaum ist eine anfangs knifflige Situation gemeistert, suchen sich die Kinder mit größter Selbstverständlichkeit die nächste Herausforderung. Auf diese Weise kommt es zu einer positiven Rückkopplung: Der Erfolg nährt den Erfolg, das Zutrauen wächst. So entsteht eine Lernspirale, die die Grundlage eines fundierten Selbstwertgefühls ist, das wiederum mit Lebensmut verbunden ist – der Zuversicht, einer Aufgabe gewachsen sein. Wir sahen weiterhin, dass Spitzenkönner, natürlich auf einem anderen Niveau, mit genau denselben Lernstrategien arbeiten. Die entscheidende Frage ist nun: Was können Eltern und Lehrer aus diesen Tatsachen lernen?

Natürlich lassen sich auf dieser Grundlage nicht alle Probleme einer gelungenen Erziehung und Pädagogik beantworten. Trotzdem sollten uns besagte Lernstrategien als Denkanstöße dienen. Wer mag, kann sie auch als Leitlinie verwenden.

Der archimedische Punkt

Im Alter von vier bis fünf Jahren – bei dem einen etwas früher, bei dem anderen etwas später – passiert etwas Besonderes im Leben der Kinder. Die Werkzeuge für die Welt des Wissens sind jetzt ziemlich ausgereift, obwohl sie sich natürlich auch später weiterentwickeln. Die Kinder sind kompetente Sprecher einer Sprachgemeinschaft. Ohne darüber nachzudenken, jonglieren sie mit Worten, die schwer verständlichen grammatikalischen Regeln gehorchen. Auch feinmotorisch sind sie in der Lage, komplizierte Fertigkeiten, wie das handschriftliche Schreiben, zu erlernen. Dasselbe gilt für schwierigere Bewegungsfolgen, die sie nachahmen können, wenn sie ihnen jemand vormacht. Diesen Moment nenne ich den *archimedischen Punkt des Lernens*. An dieser Stelle ändert sich die Position des Kindes im Lernprozess. Es ist nun in der Lage, systematisch »belehrt« zu werden. Hat es bis dahin mehr oder weniger selbst bestimmt, womit es sich im Spiel beschäftigt, so werden nun vermehrt von Eltern und Lehrern, natürlich auch den Spielkameraden, Lerninhalte an das Kind herangetragen, mit denen es sich beschäftigen *soll und muss*. Damit ändert sich die Motivationslage. Da sich das Kind in der Auseinandersetzung mit diesen Lerninhalten nicht mehr nur selbst motiviert, muss es auch von anderen motiviert werden, vor allen Dingen, wenn ihm die Sinnhaftigkeit des zu Lernenden nicht unmittelbar einleuchtet! Das kommt bekanntlich öfter vor.

Prinzipiell ist es in diesem Zusammenhang jetzt wichtig, den natürlichen Schwung des Kindes aufzunehmen und die Lernprinzipien der frühen Kindheit weiter zu fördern. Aber das funktioniert nicht von allein. Dazu sind bestimmte Fähigkeiten von Eltern und Lehrern notwendig.

Wir haben mehrfach betont, dass beim Lernen zwangsläufig Fehler auftauchen. Das kleine Kind hat mit dieser augenfälligen Tatsache kein Problem. Erwachsene, die ein Kind belehren, leider schon. Aus diesem Grund besteht die Gefahr, dass die Einstellung von Eltern und Lehrern die natürliche und angemessene der Kinder »überformt«. Es ist jedoch ein Irrweg, die bei den *Erwachsenen* vorhandene Angst, Fehler zu machen, auf das Kind zu übertragen und es auf diese Weise zu schwächen. Für diese Haltung existieren unterschiedliche Gründe. So gibt es auf der einen Seite Eltern, die einen schwer zu rechtfertigenden Perfektionsanspruch haben und Maßstäbe an ihre Kinder anlegen, denen sie meist selbst nicht genügen. Oft dienen ihnen ihre Kinder zur Vergrößerung der eigenen Wichtigkeit und Fehler der Kinder werden als Angriff auf die eigene Integrität verstanden. Man denke an die berüchtigten »Tenniseltern«, die ihr Kind mit rotem Kopf von der Seitenlinie anbrüllen, aber selbst nicht in der Lage sind, einen geraden Ball über das Netz zu schlagen.

Andere, wie die besagten »Treppenmütter«, wollen ihre

Kinder unter allen Umständen vor der angeblichen Frustration des Fehlers schützen. Leider bewirkt auch diese Haltung nicht, was sie bewirken soll. Das behütete Kind wird in Zukunft schnell frustriert sein, denn auch in diesem Zusammenhang gilt eine eherne Weisheit aus der Trainingslehre: »Jedes Untertraining ist Übertraining.«

Wir erinnern uns, dass sich der Mensch in allen Bereichen seines Lebens an seine Umstände anpasst. Muss er körperlich hart arbeiten, dann wird sein Körper belastbarer. Bewegt er sich nicht, verkümmert die Muskulatur, und er wird schwammig. Kleinste Belastungen werden zu schmerzhaften Überforderungen. In vergleichbarer Weise reagiert ein gefordertes bzw. ein nicht gebrauchtes Gehirn. Dieses einleuchtende Funktionsprinzip gilt selbst für den Umgang mit Ängsten. Auch dieser lässt sich üben. Und er muss geübt werden! Auf eine Bühne zu gehen und dort mit seinen Versagensängsten zurechtzukommen lernt man nur dadurch, dass man Kindern die Möglichkeit gibt, auf eine Bühne zu gehen. Vor Menschen frei zu sprechen lernt man dadurch, dass man Gelegenheit hat, in einem angstfreien Raum frei zu sprechen. Natürlich sind Kinder unterschiedlich und bestimmte Dinge fallen den einen leichter als anderen. Verhindert man aber, dass Kinder solche von Erwachsenen mit Stress assoziierten Erfahrungen machen, dann ist das Scheitern wahrscheinlich. Die Kinder werden schon durch geringe Anforderungen aus der Bahn geworfen. Deshalb ist es fahrlässig, sie vor Anforderungen und Belastungen zu schützen, denn diese werden später im Leben zwangsläufig auftreten, und zwar geballt. Sinnvoller ist es, ihnen zu helfen, mit Anforderungen und Belastungen zurechtzukommen. Und in diesem langwierigen Lernprozess ist es eben wichtig, zwangsläufig auftretende Fehler als »Freunde« zu betrachten, die einem einen Wink geben, in welche Richtung die Entwicklung fortschreiten muss.

Aus diesem Grund ist die verbreitete erzieherische Tendenz, Fehler krampfhaft zu vermeiden oder zu sanktionieren, bedenklich. Es ist viel besser, zusammen mit den Kindern zu verstehen, weshalb ein Fehler auftaucht, und ihnen dann zu helfen, den Fehler in Zukunft zu vermeiden. Natürlich ist es schön, wenn ein Kind aus eigenem Antrieb einen Fehler einsieht und ihn korrigiert. Das ist allerdings nicht immer möglich. Deshalb braucht das Kind die Hilfe der Erwachsenen. Das gilt nicht nur für das Elternhaus, sondern auch für die Schule.

Als meine kleine Tochter Anouk in der Grundschule lernte, Zahlen bis 100 zu sprechen und zu schreiben, blockierte sie mit einem Mal und war völlig verunsichert. Besonders die Zehnersprünge machten ihr aus irgendeinem Grund zu schaffen. Das führte dazu, dass die Klassenlehrerin ihre »mathematische Begabung« in Frage stellte. Ich nahm die Ausführungen der Klassenlehrerin zur Kenntnis und sprach mit meiner Tochter, die schon etwas verzweifelt war.

Es stellte sich heraus, dass sie Schwierigkeiten hatte, zum Beispiel die Zahlen 13 und 30 auseinanderzuhalten, und dass sie etwa die 32 gerne als 23 schrieb. Was war da los? Mir dämmerte, wo das Problem lag. Leider werden im Deutschen Zahlen lautsprachlich anders gebildet, als man sie schreibt. Eine Zahl wie 32 lesen wir zwar von links nach rechts, sprechen sie aber als »Zweiunddreißig«. Die Einer werden also vor den Zehnern genannt. Noch verwirrender wird es für einen logisch denkenden Menschen, wenn höhere Zehnerpotenzen mit dazukommen. Die Zahl 132 wird als »Einhundertzweiunddreißig« ausgesprochen. Das eigentlich unlogische Prinzip wird noch nicht einmal durchgehend angewendet. Das war die eine Sache. Die Schwierigkeit mit der Zahl 13 rührte daher, dass Anouk sie für »drei mal zehn« hielt, also 30.

In der deutschen Mathematikdidaktik sind diese Probleme, die viele andere Sprachen in dieser Form nicht kennen, bekannt. Ich erklärte meiner Tochter, dass sich ihre Verwirrung dem Umstand verdankte, dass sie eine tatsächlich vorhandene Widersprüchlichkeit entdeckt hatte. Das war kein Zeichen von Dummheit, sondern von Aufmerksamkeit. Das Problem mit dem Zählen verschwand binnen weniger Tage und Anouk war erleichtert. Als ich ihrer Lehrerin erklärte, welche Ursachen die Schwierigkeiten hatten, war sie erstaunt, da ihr das Problem in dieser Form nicht bewusst war.

Die zumutbare Zumutung

Wenn es Eltern und Lehrern gelingt, dass Kinder keine Angst vor Fehlern entwickeln, dann stellt sich die Frage, von welcher Schwierigkeit die dargebotenen Lerninhalte eigentlich sein sollen. Diese Frage ist für jede Lehrer-Schüler-Beziehung grundlegend. Ganz offensichtlich darf der Anspruch nicht zu gering sein. Lässt sich die Aufgabe im Handstreich erledigen, dann wird sie auf der Grundlage des bereits Gelernten gelöst. Ein weiterer Lernfortschritt ist nicht nötig und es gibt deshalb für den Lernenden auch keine Veranlassung, sich weiterzuentwickeln. Ist es eine Aufgabe, die sich an der persönlichen Leistungsgrenze bewegt, dann erfüllt diese den Zweck, Routine mit schwierigen Aufgaben zu bekommen. Noch besser ist es aber – von den kleinen Kindern haben wir es gelernt –, wenn das, was gemacht werden soll, die momentane Leistungsgrenze etwas überschreitet. Aber hier ist Fingerspitzengefühl gefragt! Ist die Aufgabe zu schwierig und misslingt dauernd, ohne dass auch nur der geringste Lernfortschritt sichtbar ist, dann stellt sich tatsächlich die gefürchtete Frustration ein. Diese Art der Frustration sollte vermieden werden. Also muss die Schwierigkeit knapp oberhalb der persönlichen Leistungsgrenze liegen, sagen wir bei ca. 110 Prozent. Das nenne ich die *zumutbare Zumutung*. Auch hier müht sich das Kind am Anfang, weiß aber aus früheren Lernerfahrungen, dass diese Schwierigkeiten nicht ungewöhnlich sind. Ein bisschen die Zähne zusammenbeißen gehört zum Lernen dazu und es kann durchaus motivierend sein, eine Nuss zu knacken. Außerdem gibt es immer Licht am Ende des Tunnels. Das unterscheidet solche Aufgaben von denen, die den Lernenden total überfordern.

Die Lösung solcher Aufgaben führt in der Konsequenz zu einer ständigen Entwicklung der Lösungskompetenz

Das Free-Willy-Syndrom

Wie erwähnt, ist es nicht immer ein Zuckerschlecken, sich in dem Bereich zu bewegen, in dem das Gehirn am besten lernt. Zwar kommt es vor, dass uns ein Problem packt und wir vergessen, wie anstrengend die Auseinandersetzung mit diesem eigentlich ist. Das passiert besonders in Momenten der Selbstvergessenheit, die in der Psychologie als *Flow-Zustände* bezeichnet werden. Oft ist uns aber auch schmerzlich bewusst, dass wir Willensstärke aufbringen müssen, um am Ball zu bleiben. In einem solchen Moment der Versuchung nachzugehen, den bequemen Weg einzuschlagen und ein begonnenes Unterfangen abzubrechen, ist menschlich. Und eigentlich ist es nicht nur menschlich, Tiere verhalten sich genauso. Deshalb bezeichne ich dieses Verhalten gerne als das »Free-Willy-Syndrom«.

Willy, ein Killerwal, war der tierische Hauptdarsteller eines rührseligen Hollywoodstreifens. In dem Film wurde dem Zuschauer suggeriert, dass der arme Wal, der in einem großen Becken gefangen war und jeden Tag für grölende Zuschauer Kunststücke zum Besten geben musste, einen unstillbaren Freiheitsdrang in sich verspürte. Das Happy End des Films? Willy rettete sich mit einem spektakulären Sprung ins Meer und verschwand glücklich in den Tiefen des Ozeans. So weit der Plot des Films in dürren Sätzen.

Willy war natürlich ein tierischer Darsteller – also ein echter Wal –, der in einem Meerwasser-Aquarium lebte. Die von dem Film ergriffenen Zuschauer unterstellten nun, dass es ihm genauso dreckig gehen müsse wie dem armen Filmwal. Es folgte eine unschlagbare Satire. In dem Bestreben, den angeblich unglücklichen Wal auszuwildern, wurden über 50 Millionen Euro (!) in den Sand gesetzt. Ein Heer von 60 Biologen und Helfern bemühte sich, den armen Wal in die Freiheit zu entlassen. Das Problem? Der Wal hatte darauf überhaupt keine Lust! Vermutlich empfand er es mühsam, selbst zu jagen, und schwamm deshalb immer wieder artig zu den Menschen zurück, um sein Mahl ohne große Anstrengung von diesen serviert zu bekommen. Er wollte und wollte einfach nicht im Meer verschwinden! Freiheitsromantik hin oder her …

Nur am Rand sei angemerkt, dass man mit dem Geld für den Wal problemlos 100.000 Menschenleben hätte retten können, wenn man es einfach in sauberes Trinkwasser oder Impfstoffe investiert hätte. Leider aber sind die Menschen, denen es am Einfachsten fehlt, keine Stars in Hollywoodfilmen.

Die Mentalität des Wals schlummert in uns allen. Jeder muss dem süßen Kitzel widerstehen, den Weg des geringsten Widerstands zu gehen, aus dem später große Widerstände und handfeste Probleme erwachsen können.

Aber wie soll man das schaffen? Das Üben muss geübt werden, da die Anforderungen im Leben stetig wachsen. Als Kind schreibt man zuerst einen Buchstaben, dann ein Wort, endlich einen Satz, schließlich verfasst man einen kleinen Brief, irgendwann einen Aufsatz, dann einen Essay, endlich eine Abschlussarbeit im Studium, zum Schluss vielleicht eine Promotion oder ein Buch. Zuerst benötigt man eine Sekunde Konzentration, dann eine Minute, schließlich ein Jahr, endlich sogar mehrere Jahre. Solche und andere Projekte sind nur dann effizient durchzuführen, wenn zwei wesentliche Komponenten zusammenkommen: Motivation und Disziplin. Dabei verhalten sich Motivation und Disziplin zueinander wie ein Fahrradfahrer zu seinem Gefährt mit Hilfsmotor. Ist die Motivation groß, strampelt er mit Freude und ist auf den Motor nicht angewiesen. Erst wenn er müde wird, übernimmt die Maschine die Arbeit, bis er sich erholt hat und wieder mit Schwung in die Pedalen tritt.

Beginnen wir mit ein paar Worten zur Disziplin. Ich bin mir bewusst, dass es einem Tanz in einem Minenfeld gleichkommt, heute in der Pädagogik das Wort »Disziplin« in den Mund zu nehmen. Zu sehr wird dieses Wort mit militärischem Drill, Zucht und Züchtigung assoziiert. Trotzdem muss man über Disziplin reden, wenn man über geglücktes Lernen spricht. Es ist ein Gerücht, dass langwierige Lernprozesse immer nur Spaß machen. Selbst wenn man die Strategie des inneren Blicks beherrscht, gibt es Momente, in denen man sich nicht inspiriert fühlt. Deshalb weiß jeder Künstler, jeder Sportler, jeder Wissenschaftler, dass es immer wieder Durststrecken zu durchleiden gibt. Und die Literatur ist voll von Beschreibungen, in denen selbst die Besten lange Schaffenskrisen durchzustehen hatten. Doch solche Krisen löst man im Allgemeinen nicht dadurch, dass man seine Tätigkeiten einstellt, weil man sich gerade nicht gut fühlt. Wenn auch vielleicht unter etwas anderen Vorzeichen, arbeitet man weiter und weiter. Der Tänzer tanzt jeden Tag, der Musiker spielt jeden Tag und der Schriftsteller beugt sich jeden Tag über seine Manuskripte. Auch in diesem Zusammenhang richtet die Legende vom Musenkuss und vom erleuchteten Genie großen Schaden an. Eine Tätigkeit auf hohem Niveau auszuüben ist etwas völlig anderes, als mit dem Strohhut und einer Flasche Beaujolais Primeur unterm Baum zu liegen, somnambul auf einer Blume herumzukauen und auf die Erleuchtung zu warten. Die Wirklichkeit sieht anders aus. Da man nicht weiß, wann ein Durchbruch kommt, bemüht man sich ständig. Und tatsächlich löst sich ein Problem oft gerade in dem Moment, in dem man nicht damit rechnet.

Disziplin, wie ich sie hier verstehe, hat also überhaupt nichts mit Zucht und Züchtigung zu tun, sondern eher mit *Langmut, Ausdauer, Regelmäßigkeit und Verlässlichkeit*. Erinnern Sie sich an Einsteins Stirn! Da diese Attribute so wichtig sind, müssen wir sie den Kindern zumindest ein Stück weit vermitteln. Am besten, indem wir sie vorleben, manchmal aber auch einfordern. Das gilt besonders im außerschulischen Bereich und deshalb sind hier die Eltern in der Pflicht. Aber das ist leichter gesagt als getan! In meiner Generation konnte man nur zwischen Fuß- und Handball, Tischtennis und Turnen wählen oder ein gängiges Musikinstrument spielen, wenn man das Geld besaß, den teuren Instrumentalunterricht zu bezahlen. Heute gibt es alles: Tai-Chi für Kinder, Ballett, HipHop, Tennis, Golf, Snowboarden, WuShu-Kung-Fu, Escrima und für jedes

Musikinstrument dieses Planeten findet man einen passenden Lehrer. Da ist die Gefahr groß, schnell auf etwas anderes zu schielen, wenn einem das Lernen zu anstrengend wird. Aber Eltern sind gut beraten, diesem Drängen nicht direkt nachzugeben und das Kind zu einem gewissen Langmut anzuhalten, da ihm in letzter Konsequenz nur dieser Erfolgserlebnisse ermöglicht, die ihm sonst versagt bleiben. Die verbreitete Haltung, jeder Unmutsäußerung direkt nachzugehen, führt dazu, dass Kinder letztlich gar nichts lernen, da sie das Lernen nicht lernen. Aber wie kann man verhindern, dass man das Kind zu stumpfsinniger Disziplin zwingt? Persönlich habe ich gute Erfahrungen damit gemacht, das Kind in die Entscheidungsfindung mit einzubeziehen. Es darf sich aus der Vielfalt der Möglichkeiten das wählen, was ihm am meisten behagt. Ich kommuniziere aber auch deutlich, dass das bedeutet, dass diese Tätigkeit dann für mindestens zwei oder drei Jahre ausgeübt wird. Außerdem ist es bestimmt kein Fehler, ein bisschen darauf zu achten, dass begonnene Dinge auch zu einem Ende gebracht werden. »Gut angefangen, schlecht geendet, heißt das Werk geschändet«, lautet eine alte Handwerkerweisheit.

Wer kein Ziel hat, dem ist jeder Weg zu weit

Ich habe nicht ohne Grund von der Disziplin als Hilfsmotor gesprochen, da zusätzliche Anstrengungen nicht nötig sind, solange die Motivation groß ist. Was für Kinder und Meister gilt, gilt auch für Schüler und Studenten. Wenn man von einer Sache wirklich begeistert ist, kann man sie sehr lange ohne zu ermüden betreiben. Aus diesem Grund ist die Motivation die eigentliche Königsdisziplin der Pädagogik. Sie treibt einen über die Berge. Außerdem ist wissenschaftlich belegt, dass man besser lernt und behält, wenn man bis in die Haarspitzen motiviert ist. Trotzdem entzieht sich das Geheimnis der Motivation einer wissenschaftlichen Systematisierung. Das bezieht sich besonders auf die intrinsische Motivation, den rätselhaften Eigenantrieb. Oft wissen die Menschen, die etwas mit Leidenschaft tun, nämlich selbst nicht, woher die Freude an der Sache kommt und was diese Tätigkeit genau mit ihnen zu tun hat.

In dem Hochhaus, in dem ich groß geworden bin, lebte ein Junge namens Gorch Pieken. Gorch war etwas anders als wir, da er selten draußen spielte. Während mein Freund Notker und ich zum Schrecken unserer Eltern bevorzugt in den Wipfeln zwanzig Meter hoher Bäume lebten, spielte Gorch am liebsten mit kleinen Plastiksoldaten.

Von diesen besaß er wohl an die tausend und es bereitete ihm große Freude, damit vergangene Schlachten nachzustellen. Wenn es regnete und das Wetter das Rumtoben im Wald nicht zuließ, besuchten wir ihn und ließen uns gerne ausführlich von einem Siebenjährigen geschichtlich belehren. Ich verlor Gorch dann für über 40 Jahre aus den Augen, bis ich kürzlich die Zeitung aufschlug und feststellte, dass er der wissenschaftliche Direktor des berühmten militärhistorischen Museums in Dresden ist.

Ich selbst erinnere mich an Ferien mit meinem Großvater in Brixen. Ich war etwa sieben Jahre alt. Es war ihm unmöglich, mich von einem Trachtenorchester wegzubekommen. Mich fesselte der Musiker, der auf die Pauken schlug. Ich spielte dann als Kind Klarinette – eine Sackgasse. Mit 25 Jahren hörte ich den Ausnahmetrommler Dudu Tucci und wusste plötzlich, dass ich Conga spielen lernen *musste*. Auch meine Liebe zum Tanz nährt sich bis heute von der Faszination, die Rhythmus auf mich ausübt. Warum? Ich habe nur eine Vermutung – irgendwie liebe ich Entgrenzung. Aber wirklich wissen tue ich es nicht.

Diese Momente, in denen ein Funke springt, in dem ein Mensch mit etwas, wie der Soziologe Hartmut Rosa sagt, in Resonanz kommt, haben etwas Geheimnisvolles. Sie sind nämlich überhaupt nicht planbar. Weder weiß man, warum sie auftauchen, noch wann. Irgendwie kommt das Innerste eines Menschen in einem manchmal lebensentscheidenden Moment mit etwas in Kontakt, das elektrisiert. Der plötzlich auftauchende Funkenschlag ist bewusst meist gar nicht zu erklären und nährt sich aus einer tiefen Quelle. Deshalb muss man diese Momente ern nehmen. Sie sind Geschenke. Wenn Menschen die Möglichkeit haben, ihren Leidenschaften nachzugehen, dann führt das oft nicht nur zu Zufriedenheit – sie werden in ihrem persönlichen Bereich meistens auch sehr gut. Was bedeutet das für Eltern und Lehrer? Das bedeutet, dass sie genau beobachten müssen, um dann mit Bedacht zu fördern. Als meine frühere Freundin, die in der Oberstufe Schwierigkeiten mit dem Fach Deutsch hatte, endlich eine gute Arbeit schrieb und Gefallen am Unterricht fand, waren ihre Eltern davon so angetan, dass am nächsten Tag Goethes und Shakespeares gesammelte Werke auf ihrem Schreibtisch standen. Das war nicht der richtige Weg, ihr gerade entfachtes Interesse zu befeuern. Für mein Empfinden ist das In-Resonanz-Treten mit einer bestimmten Tätigkeit ein sehr persönlicher, manchmal intimer Prozess, und wenn Eltern und Lehrer sich dieses Prozesses zu offensiv annehmen, kann das zur Entfremdung führen, weil man eher das Interesse der Förderer spürt und nicht mehr so sehr die eigene Freude und die innere Stimme. Vermutlich ist es deshalb besser, einfach unauffällig dafür zu sorgen, dass der Weg für die Entwicklung frei ist.

Wer zünden will, muss selber brennen

Was die äußere Motivation angeht, so liegen die Dinge etwas klarer. Leider bedeutet das nicht, dass augenfällige Erkenntnisse konsequent in die Tat umgesetzt würden. Als Aufhänger soll eine nichtrepräsentative Umfrage dienen, die ich mit dreißig Schülern gemacht habe und die einen Eindruck gibt, wovon Schüler sich fesseln lassen. Erstaunlich war, wie ähnlich die Antworten waren.

Auf die Frage, was einen Lehrer auszeichnet, der sie begeistert und motiviert, antworteten fast alle unisono: Kompetenz, Strenge, Gerechtigkeit, Humor und die Fähigkeit, sich in die Rolle der Schüler hineinzuversetzen und deren besondere Lebensumstände zu berücksichtigen.

Der Wunsch, dass es mit einer gewissen Strenge zugeht, die nicht bierernst ist, zeigt, dass Schüler eigentlich eine Umgebung wollen, in der Lernen möglich ist. Dass Gerechtigkeit genannt wird, verwundert nicht. Jeder Mensch macht sich unglaubwürdig, wenn er von anderen fordert, was er selbst nicht leisten kann oder will. Wasser predigen, Wein trinken. Diese Verhaltensweise hat dazu geführt, dass Politiker in Deutschland von allen Berufsgruppen die mit Abstand geringste Glaubwürdigkeit genießen. Wenn der millionenschwere Sozialist Oskar Lafontaine, der bekanntlich toskanischen Lebensfreuden nicht abgeneigt ist, den Reichen ans Geld will, um es den Armen zu geben, dann fragt man sich, weshalb er nicht bei sich selbst anfängt. Und verdächtig ist auch eine aufgebrachte Sahra Wagenknecht, die beim opulenten Hummermahl fotografiert wurde und mit Gewalt die Bilder löschen wollte, damit sie nicht in die Öffentlichkeit geraten. Die Beispiele ließen sich beliebig vermehren. Und sie gelten in gleichem Maße für linke und für rechte Politiker. Eine solche Form der Unglaubwürdigkeit funktioniert nicht in der Politik und auch nicht in Schule oder Elternhaus. Diese Form des Betrugs gehört zum Demotivierendsten, was es gibt. Das ist besonders in der intimen Beziehung zwischen Eltern und Kindern offensichtlich. Wenn der Papa schon nachmittags vor dem Fernseher eine Flasche Bier leert, sich an einer Familienpackung Chips gütlich tut und das Sofa bis Mitternacht nicht mehr verlässt, dürfte er es schwer haben, von seinen Kindern eine Leistungsbereitschaft einzufordern, die sich von der eigenen unterscheidet. Aber auch für die Schule hat diese Trivialität Konsequenzen. Wer will, dass Kinder pünktlich zum Unterricht kommen, sollte selbst pünktlich sein. Wer möchte, dass sie gut vorbereitet sind, sollte selbst gut vorbereitet sein. Wer möchte, dass Kinder miteinander fair umgehen, muss selbst fair sein. Da ich selbst viele Klassen habe, in denen ich Lehrer und Schüler gleichzeitig unterrichte, sind meine Gefühle zwiespältig. In vielen Fällen erlebe ich Schüler als begeisterungsfähiger, leistungsbereiter, zuverlässiger und weniger wehleidig als ihre Lehrer. Von sich selbst zu verlangen, was man von anderen verlangt, ist die eine Seite der Gerechtigkeit. Es ist aber auch wichtig, sich um Gleichbehandlung zu bemühen, auch wenn es verständlich ist, dass man bestimmte Menschen mehr mag und schätzt als andere. Das sollte man jedoch für sich behalten. Wie empfindlich Kinder auf ungerechte Behandlung reagieren, weiß jedes Geschwisterkind, wenn es sich von den Eltern benachteiligt fühlt und darauf mit wütendem Protest oder Trauer reagiert. Was für das Elternhaus gilt, gilt auch für die Schule. Prinzipiell muss jeder den Eindruck haben, dass ihm die gleiche Aufmerksamkeit und Wertschätzung entgegengebracht wird, sonst ist das Lernklima vergiftet.

Kommen wir zum entscheidenden Thema – zur Kompetenz. In der Geschichte von Gua und Donald sahen wir, wie sehr der Mensch darauf angelegt ist, von anderen zu lernen und ihnen nachzueifern. Dieses Verhalten liegt uns buchstäblich in den Genen. Deshalb ist es verständlich, dass wir uns an Vorbildern orientieren, die dann aber auch Vorbilder sein müssen. Wer kompetente Kinder erziehen will, sollte selbst kompetent sein. Damit stellt sich die entscheidende Frage: Wie steht es um die Kompetenz der Lehrer in der Schule? Ich beziehe mich exemplarisch auf die Erfahrungen mit meinen Kindern in den letzten zwei Wochen. Diese sind nicht außergewöhnlich und ließen sich ohne Probleme Jahr für Jahr fortschreiben. Die Deutschlehrerin meiner jüngsten Tochter war der festen Überzeugung, dass »Der Panther« – ein Meisterwerk deutscher Dichtkunst – nicht von Rainer Maria Rilke, sondern von Kurt Tucholsky geschrieben worden sei. Einer anderen jungen Deutschlehrerin, der ich das erstaunt erzählte, war das Gedicht überhaupt nicht bekannt. Sie sagte, dass sie sich im Studium eher mit Mediävistik und Sprachwissenschaft auseinandersetzen musste. Die Sportlehrerin meiner älteren Tochter war trotz zweier verzweifelter Versuche nicht in der Lage, am Tiefreck (!) einen einfachen Felgaufschwung vorzumachen. Das nötigte den Schülern den Kommentar ab, dass sie jetzt wüssten, woher das Bonmot »Mit Hängen und Würgen« kommt. Nach zwei Versuchen war sie erschöpft und wagte keinen dritten mehr. Der Zeichenunterricht besteht im Moment darin, dass vom Kunstlehrer Youtube-Videos vorgespielt werden, auf denen zu sehen ist, wie man mit dem Bleistift schraffiert. Die Kinder sollen von den Videos lernen, nicht vom Lehrer, der diese Technik offenbar nicht beherrscht. Im Deutschunterricht wird die literarische Figur des Helden behandelt. Die Schüler schlagen vor, dass ein Held ein Mensch sei, der in einer Extremsituation über sich hinauswächst. Die Lehrerin ist anderer Meinung. Nach ihrer Ansicht ist ein Held in erster Linie groß, stark und mutig. An die Tafel schreibt sie: »Der Held tut Heldentaten.«

Das alles ist das Gegenteil von motivierend. Um einen Sachverhalt fesselnd zu vermitteln, muss man die Sache selbst beherrschen! Aber ist die deutsche Lehrerausbildung darauf angelegt, Kompetenz zu fördern?

Leider ist es bekannt, dass eher schwächere Studenten – Ausnahmen bestätigen die Regel – ins Lehramt drängen. In meiner eigenen Klasse sind diejenigen in den Lehrerberuf gegangen, die eigentlich nicht genau wussten, was sie machen sollten, und denen es wichtig war, später finanziell gut abgesichert zu sein. Dass Menschen mit dieser geistigen Konstitution Gefahr laufen, von einer Schulklasse überfordert zu werden, und beide Seiten schließlich Schaden nehmen, liegt auf der Hand. Die Konsequenzen solcher Missstände in Verbindung mit einer erdrückenden zeitlichen Belastung, die persönliche Entwicklung der Schüler unabhängig von der Schule kaum noch zulässt, sind ernüchternd: In der Grundschule sind die meisten Kinder noch begeistert. Dann aber erlischt die brennende Neugier und die Lust am Lernen verschwindet spätestens in der Mittelstufe. Schule wird zu etwas, das stoisch zu erdulden ist. Erträglich wird der Leidensweg dadurch, dass man dort seine Freunde trifft und potenzielle Geschlechtspartner oder eben auch einmal einen illuminierten Lehrer. An der deutschen jetzt vollverschulten Universität sieht es übrigens nicht besser aus. Valentino Braitenberg, besagter verstorbener Gehirnforscher von Weltruf, sagte in diesem Zusammenhang: »Die Kunst des Studierens besteht darin, dass man die Begeisterung für das Fach trotz des Studiums nicht verliert.« Und weiter: »Eine Promotion ist eine staatlich zertifizierte Bescheinigung persönlicher Leidensfähigkeit. Das Thema ist mehr oder weniger unwichtig. Entscheidend ist nur, dass man zeigt, den Hintern zusammenkneifen zu können und etwas trotz widriger Umstände zum Ende zu bringen.«

Muss das so sein? Könnten Schulen und Universitäten nicht etwas vom Lerngenie kleiner Kinder und den elaborierten Strategien der Meister lernen? Ganz sicher! Natürlich lassen sich nicht alle Probleme mit einem Schlag lösen, aber die Gesetze, wie Gehirne arbeiten und lernen, bleiben auch für Schüler und Studenten die gleichen. Betonen wir es noch einmal: Das Gehirn lernt, was ihm bedeutsam erscheint. *Bedeutsamkeit ist der Dreh- und Angelpunkt!*

Bedeutsamkeit und Motivation sind aus naheliegenden Gründen direkt miteinander gekoppelt. Und die von den Schülern geforderten Qualitäten Kompetenz und Einfühlungsvermögen sind genau die Mittel, mit deren Hilfe versierte Pädagogen für ihre Schüler Bedeutsamkeit schaffen und sie auf diese Weise motivieren. Es gelingt ihnen, den Schülern zu vermitteln, dass das Wissen, das sie lehren, etwas mit ihnen persönlich zu tun hat.

In diesem Zusammenhang haben Lehrer eine vergleichbare Funktion wie der Philosoph Sokrates, der Philosophieren als Hebammenkunst verstand. Durch geschicktes Fragen förderte der Weise die Erkenntnis seiner Gesprächspartner ans Tageslicht.

Ideal, aber leider unwahrscheinlich wäre es natürlich, wenn dem Schüler oder Studenten schon klar ist, weshalb es für ihn bedeutsam sein könnte, sich zum Beispiel mit Integralen oder dem Impulserhaltungssatz der Physik zu beschäftigen. In Wirklichkeit sieht die Situation aber anders aus. Ein Schüler soll/muss etwas lernen, von dessen Sinn und Zweck er nicht überzeugt ist. Aufgrund sorgfältig gepflegter Vorurteile kann es sogar sein, dass er eine ausgesprochene Aversion gegen bestimmte Lerninhalte hat. Mathematik ist hier ein schönes Beispiel. Was ist zu tun?

Ganz naheliegend hilft es, wenn der Lehrer selbst für sein Fach begeistert ist und sich wirklich gut auskennt: »Wer zünden will, muss selber brennen.«

Schließlich werden Begeisterung und fundiertes Wissen von den meisten Schülern direkt honoriert. An der Schule meiner Töchter gibt es einen Biologielehrer, der sein Leben lang Expeditionen in entlegene Winkel der Welt gemacht hat, um Insekten zu studieren, und viele Geschichten zu erzählen weiß. Nach seiner Pensionierung möchte er nach Papua-Neuguinea reisen, um dort seltene Käfer zu fangen und zu bestimmen. Von diesem Lehrer ist bekannt, dass er in seinen Klassen weder ein Disziplin- noch ein Motivationsproblem hat, da er für die Kinder auf imponierende Weise verkörpert, was er lehrt.

Das sieht naturgemäß bei einem Deutschlehrer anders aus, der in seinem Leben keine Zeile geschrieben, geschweige denn veröffentlicht hat, seine Schüler aber belehrt, weil er zu wissen meint, wie »man« schreibt. Ähnlich fragwürdig sind Lehrer, die neuerdings von Schülern frei gesprochene Vorträge einfordern. Selbst haben sie noch nie einen gehalten. Sie können auch keinen halten. Ein solches Doppelspiel wird von jedem Schüler sofort durchschaut und die Reaktion ist menschlich: Warum das Geforderte leisten, wenn der Fordernde seinen eigenen Forderungen nicht genügt (Gerechtigkeit)?

Glaubwürdig vermittelte Kompetenz ist für Lehrer und Schüler unverzichtbar. So ist es möglich, dass der Lehrer bereits über seine Vorbildfunktion den Schüler für das Fach einnimmt. Meistens muss er aber noch eine weitere Herausforderung meistern. Er ist eben nicht nur als ausgewiesener Kenner seines Fachs gefragt, sondern auch als Psychologe, der sich in die Befindlichkeit seiner Schüler hineindenkt und spürt, was diesen in ihrer speziellen Situation wichtig ist. Er überlegt sich, wie er ihnen Türen zu bis dato versteckten Welten aufschließt und sie anspornt, diese zu durchschreiten. Dazu muss er seinen Schülern fühlbar machen, dass dieser Schritt eine Bereicherung für ihr Leben ist. Kurz gesagt: Er denkt lange darüber nach, wie er es schafft, seinen Schülern den Stoff so zu vermitteln, dass er für sie bedeutsam ist.

Aber – wie macht man das? Gerade gestern habe ich einen Vortrag von Mathias Döpfner gehört. Döpfner ist ein bekannter Journalist und Vorsitzender der Axel Springer SE. Es ging darum, ob der klassische Journalismus in Zeiten des Internets noch eine Chance hat. Döpfner ist ziemlich optimistisch, vorausgesetzt, man kultiviert eine alte Tugend: Die Darstellung komplexer Sachverhalte in Form fesselnder Geschichten! Diesen Trick zur Vermittlung eigentlich »abstoßend« schwieriger Themen kennt mittlerweile jeder gute Wissenschaftsautor. Genau genommen ist es ein bisschen wie beim Schenken: Die liebevoll gemachte Verpackung macht Lust auf den Inhalt. Lernen kann man das zum Beispiel beim Altmeister Oliver Sacks. »Der Mann, der seine Frau mit seinem Hut verwechselte« ist der Auftakt einer Reihe von Weltbestsellern, in denen Sacks abstrakte Neurobiologie fühlbar und verstehbar macht, indem er sie in *persönlichen Fallgeschichten* darstellt. Der Leser studiert also nicht wie in einem Lehrbuch, was ein »Hemi-Neglect« oder eine »Anosognosie« ist. Stattdessen wird er mit *Menschen* konfrontiert, die, wenn ein lecker riechendes Schnitzel mit Pommes frites vor ihnen steht, nur das Fleisch sehen, das den halben Teller bedeckt, die Pommes aber nicht. Das ändert sich jedoch, wenn sie um den Tisch herumgehen und sich den Teller von der anderen Seite ansehen. Auf einmal ist das Schnitzel verschwunden! Bei Sacks begegnet der Leser Menschen, die mit einem gelähmten Bein im Krankenbett liegen und vom Arzt aufgefordert werden, dieses zu bewegen. Natürlich bleibt es für alle sichtbar regungslos, nur nicht für den Patienten. Der ist felsenfest davon überzeugt, dass es sich bewegt, und er beschimpft den Arzt in wüsten Worten, weil er so dumm ist, das nicht zu sehen.

Menschen lieben Geschichten, in denen es um Menschen geht, weil sie sich in Menschen einfühlen oder lernen sich einzufühlen! Brauchen Sie Beweise? Religionen wie das Christentum oder der Islam sind der beste Beweis. Die Wirkmächtigkeit von Geschichten ist so gewaltig, dass sich Menschen jahrhundertelang um ihre Auslegung streiten und sich mit Waffen totschlagen.

Wer nun der Meinung ist, dass abstrakte schulische Sachverhalte wie Mathematik und Physik für eine solche Darstellungsweise ungeeignet sind, kann einmal die Bücher von Thomas de Padova in die Hand nehmen.

Dieser Autor zeigt, wie man Stoff, der in der Schule meist gähnende Langeweile hervorruft, fesselnd vermittelt. In seinen Büchern, die die Wissenschaftler Johannes Kepler, Galileo Galilei, Isaac Newton und Gottfried Wilhelm Leibniz zum Gegenstand haben, bekommt trockene Wissenschaft ein menschliches Antlitz. Der Leser wird Zeuge, wie die Geistesriesen als Kinder ihrer Zeit nicht nur mit den überkommenen Erkenntnissen gerungen haben. Wir erleben diese Menschen auch in ihrer Eitelkeit, ihrem Genie, ihrer Unvollständigkeit, ihrem Scheitern und ihrem Gelingen. Man sieht den geschäftstüchtigen, schlitzohrigen Galilei in den Glasbläsereien Venedigs, wie er seine Beziehungen spielen lässt, um exquisit die besten Gläser für seine Teleskope zu erstehen, die er an den Höfen Europas teuer verkauft, um seinen aufwendigen Lebensstil zu finanzieren. Wir fühlen mit dem verzweifelten, zerrütteten Kepler mit, dem fast alle Kinder und Frauen gestorben sind, der verarmt und verkannt, von der Pest verfolgt ein trostloses Leben in der österreichischen Provinz führte. Wir lernen aber auch viel über die damals revolutionäre neue Physik, die das brüchige aristotelische Weltbild ablöst, das in bestimmten Bereichen die Erkenntnis über 1500 Jahre gehemmt hat.

Geschichten sind der Nährboden, auf dem etwas so körperloses, langweilig-abstraktes wie ein Integral zum Leben erwacht. Um wie viel besser funktioniert die Erinnerung, wenn man die handelnden Menschen vor seinem inneren Auge sieht, anstatt sich eine schwachbrüstige Formel ins Gedächtnis zu hämmern? In der Neurobiologie spricht man in diesem Zusammenhang von elaborierter Codierung. Um sich einen solchen Hintergrund zu erarbeiten, ist aber auch beim Lehrer eine besondere Motivation und Kompetenz notwendig, da ihm diese wichtigen Zusammenhänge an der Universität vorenthalten werden. Ein Fach wie »Geschichte der Naturwissenschaften« kennt man ja eigentlich nur noch vom Hörensagen.

Eine solche Form der Darstellung und Vermittlung ist definitiv eine anspruchsvolle Aufgabe und diese wird nicht dadurch einfacher, dass Lehrer auf langweilige und lieblos gemachte Schulbücher zurückgreifen müssen. Ein wahrscheinlich 100.000 Mal verkauftes Mathematikbuch eines renommierten Verlags hat mir in diesem Zusammenhang die Tränen in die Augen getrieben. Das gesamte Buch ist eine gigantische Aufgabensammlung. Leider reicht der erklärende Teil des Buches nicht in Ansätzen, die Schüler in die Lage zu versetzen, das unüberschaubare Pensum zu bewältigen. Ihr Gefühl? Da es aus Zeitmangel nicht möglich ist, die Aufgaben vollständig zu rechnen, und auch kein verbindendes Prinzip zu erkennen ist, bleibt permanent ein diffuses, aber trotzdem quälendes Gefühl der Überforderung. In diesem Zusammenhang ist der arme Pädagoge also in zigfacher Weise gefordert. Erst einmal müsste er selbst wissen, dass der Stoff interessant ist. Dann steht er vor der Aufgabe, dieses Wissen trotz eines miserablen Lehrbuchs »rüberzubringen«. Und wie oben angesprochen, sollte er auch noch die Kunst beherrschen, den Schülern trotz ihrer völlig anderen Lebenswirklichkeit einen Wink zu geben, weshalb es für sie wichtig sein könnte, sich mit der für sie anfänglich gänzlich uninteressanten Materie auseinanderzusetzen (»Warum soll ich mich für Integrale interessieren, wenn ich die ganze Zeit an Stefans blaue Augen denke?«). Und last but not least:

Es muss Zeit da sein, über solche Fragen überhaupt sorgfältig nachdenken zu können!

Damit sind wir bei einem anderen entscheidenden Punkt. Der leidige Faktor Zeit macht es augenblicklich unmöglich, dass Schüler motiviert und effizient lernen.

Als ich mein Abitur machte, gingen wir etwas mehr als 20 Stunden pro Woche in die Schule. Dabei hatte ich das Glück, einen exzellenten Deutschlehrer zu haben: Michael Birker. Sein Unterricht in der elften Klasse begann für mich mit einem Paukenschlag. In der ersten Arbeit schrieb ich eine Eins plus, in der zweiten eine Fünf. In dem Schuljahr davor hatte ich bei einem anderen Lehrer acht Mal hintereinander dieselbe Note geschrieben: eine Vier plus. Eine Eins und eine Fünf?! Da schien tatsächlich jemand zu lesen, was ich schrieb, und machte sich die Mühe, sorgfältig zu begründen, weshalb er die eine Arbeit für gut und die andere für miserabel hielt. Ich erwachte aus der Lethargie. Mein Interesse war mit einem Schlag geweckt. Es folgten zweieinhalb Jahre Leistungskurs, in dem wir die Geschichte des Theaters durchnahmen, von der griechischen Tragödie bis zum absurden Theater. Zudem lasen wir maßgebliche Bücher, die in den entsprechenden Zeiten spielten. Unterbrochen wurde dieses Konzept von einer mehrmonatigen Phase, in der wir uns mit Rhetorik und Kommunikationspsychologie auseinandersetzten. Der gesamte Unterricht war von Debatten geprägt, in denen wir Schüler ziemlich streitlustig waren und uns daran gewöhnten, unseren Standpunkt ausdauernd und mit harten Bandagen zu vertreten. Ich habe von diesem Unterricht sehr profitiert. Er hat mich zum beruflichen Schreiben geführt. Michael Birker wurde später Direktor eines großen Gymnasiums mit mehr als 1500 Schülern. Als ich ihn unlängst traf, bedankte ich mich für seinen Unterricht. Seine Antwort machte mich nachdenklich. Er sagte, dass auch er mit Wehmut an diese Zeiten zurückdenkt, da Stoff in dieser

Komplexität heute nicht mehr vermittelbar wäre. Hier müssen bei uns die Alarmglocken schrillen! Wie kann es sein, dass bei einer Stundenzahl, die in der heutigen Mittelstufe fast doppelt so hoch ist wie damals, solche anspruchsvollen Lerninhalte nicht mehr bewältigt werden können? Sind die Schüler plötzlich dümmer geworden? Sicher nicht. Die Belastung führt nur dazu, dass sie »Wegduckstrategien« entwickelt haben, um mit der gegebenen Situation zurechtzukommen. Nach Michael Birker hätten die Schüler heute die Einstellung von Stenographen entwickelt. In ihrer Not, das unübersichtliche Lernpensum zu bewältigen, schalten sie auf Durchzug. Es wird nur noch eifrig mitgeschrieben, um dann vor den Arbeiten unter Hochdruck zu wiederholen. Danach wird alles wieder vergessen. Wer mag ihnen diese »Anpassungsleistung« verübeln?

Was die Themen Zeit und Belastung angeht, hat man den Eindruck, dass bei den meisten Bildungspolitikern das Gefühl für die Bedürfnisse der Kinder, der Jugendlichen und auch der Lehrer vollständig verloren gegangen ist. Wie soll das funktionieren? Mehr als 35 Wochenstunden Unterricht, eine Zahl, bei der VW-Arbeiter schon beginnen, ihre Streikfahnen auszurollen. Anschließend Hausaufgaben. Sport, Musikinstrument oder Tanz nach der Schule bitte nicht vergessen. Ach ja: eigenständige Interessen sollte das Kind bitte ebenfalls noch entwickeln. Fehlt noch was? Genau. Die Kinder kommen in die Pubertät und suchen einen Freund oder eine Freundin. Aber das kann man ja mittels sozialer Medien noch kurz vor dem Schlafengehen erledigen. Wundert sich da irgendjemand, dass man Studenten nach dem Studium in Intensivkursen die sogenannten Soft Skills beibringt, damit sie wissen, wie man später mit einem Geschäftspartner in einem Restaurant ein Gespräch führt? Und ist es nicht lächerlich, dass ausgerechnet die Wirtschaft von Hochschulabsolventen Kommunikationsfähigkeit und Persönlichkeit erwartet? Die unselige G8-Reform und die Vollverschulung des Hochschulstudiums kamen auch auf Betreiben der Wirtschaft zustande. Der damit verbundene Druck lässt aber gerade die Entwicklung von Kommunikationsfähigkeit und Persönlichkeit nicht zu.

Die Konsequenz aus diesen eklatanten Missständen ist offensichtlich. Die Zeit in der Schule muss deutlich reduziert werden, auch wenn das politisch nicht opportun ist, da Eltern wieder vermehrt ihrer Aufsichtspflicht nachkommen müssten und dem Produktionsgeschehen nicht wie gewünscht zur Verfügung ständen.

Warum ist diese Reduktion der Zeit in der Schule so wesentlich? Weil jeder Mensch Zeit braucht, um mit sich selbst in Kontakt zu treten. Das ist gerade für Jugendliche unverzichtbar. Um herauszufinden, was sie wirklich interessiert, brauchen sie Zeit, um dieser Frage nachzugehen. Dieser Punkt ist für die intrinsische Motivation, die, wie wir sahen, zu echtem Wissen und Können führt, unverzichtbar.

Ist es wirklich so schwer, Schule so zu organisieren, dass die Schüler entlastet werden und sie die Möglichkeit haben, eigene Interessen zu entwickeln? Es fällt jedenfalls ins Auge, dass an Schulen die Fächer stark fragmentiert sind und ihre Vertreter egomanisch um deren Bedeutung kämpfen. Unglücklicherweise wird die Bedeutung dann mit der Zeit korreliert, die diesen Fächern im Lehrplan zugestanden wird. Wäre es da nicht angebracht, einmal über Synergieeffekte zwischen den Fächern nachzudenken? Wenn in Physik über Isaac Newton gesprochen wird, dann kann man in der Mathematik mit der Differentialrechnung beginnen, in Geschichte mit dem Beginn der industriellen Revolution, in Religion mit den ersten Zeichen aufgeklärten Denkens und dem sich anbahnenden Konflikt mit überkommenen Glaubensvorstellungen. Das ließe sich für andere Zeitalter in vergleichbarer Weise machen. Nennen wir es eine »Schule der Epochen«. In der Konsequenz würden die Schüler echtes *vernetztes Wissen* erwerben, das sich von den heutigen zerbröselten Unterrichtsinhalten deutlich unterscheidet. Allerdings würde dieser vernetzte Ansatz zu völlig anderen Lehrplänen führen.

Außerdem wäre es eine Überlegung wert, ob man Unterricht und Benotung nicht so strukturieren könnte, dass Eigenantrieb und damit verbundene Eigenleistungen einen höheren Stellenwert bekommen. Wem es Spaß macht, einen Vortrag zu einem Thema zu halten, eine Maschine zu bauen, der soll das tun können, und der Wert einer solchen Eigenleistung könnte genauso hoch sein wie das Absolvieren einer Klausur. Bei meinen eigenen Kindern sehe ich, dass sie danach gieren, etwas selbst machen zu können. Eigene Texte zu schreiben, etwas zu konstruieren, etwas zu erschaffen. Stattdessen: die hundertste Gedichtinterpretation, wobei man das Gedicht noch nicht einmal so interpretieren darf, wie man es selbst empfindet.

Natürlich sind nicht alle Kinder gleich. Einige haben Lust, sich zu exponieren, andere eher nicht. Einige wollen selbst agieren, andere bevorzugen, dass Wissen abgefragt wird. Könnte man ihnen nicht mehr freistellen, in welcher Weise sie ihre Leistung erbringen?

In diesem Zusammenhang dürfen wir allerdings auch nicht vergessen, dass Kinder und Jugendliche für eine solche Form anspruchsvollen Unterrichts bereit sein müssen. Und es ist hauptsächlich die Aufgabe der Eltern, ihren Kindern zu helfen, Dinge, die Geduld, Ausdauer und Konzentration verlangen, zu bewältigen. Kinder, die das nicht gelernt und praktiziert haben, sind für einen Unterricht, der Eigenverantwortung verlangt, nicht so gut vorbereitet und es besteht die Gefahr, dass die dargebotenen Freiräume nicht genutzt, sondern schlimmstenfalls missbraucht werden.

In der Summe würden aber Bildungseinrichtungen, die den angesprochenen Lernstrategien mehr Raum geben, zu Schülern führen, die einem anderen Ideal entsprächen als heute. Da die Individualität der Schüler stärker im Mittelpunkt stände, würden mehr Menschen mit »Stirn und Nase« die Schulen und Universitäten verlassen.

Hier am Ende stellt sich die Frage, ob es solche Bildungseinrichtungen eigentlich schon gibt. Sicher gibt es die eine oder andere Schule, die die momentanen Verrücktheiten nicht mitmacht und alternative Konzepte umsetzt.

Interessanterweise fällt mir in diesem Zusammenhang aber eine »Schule« ein, die überhaupt keine Schule ist: Ich nenne sie hier mal die »Schule der Straße«.

Diese Schule erinnert mich an ein erstaunliches Phänomen aus den Sprachwissenschaften. Wenn, wie zu Zeiten der Sklaverei, viele Menschen unterschiedlicher Nationen zusammenkommen, die verschiedene Sprachen sprechen, die sie gegenseitig nicht verstehen, dann entsteht ein Mischmasch, mit dem sie sich verständigen. Ein solcher Mischmasch nennt sich Pidgin und klingt wie: »Ich-Winnetou« »Du-Old Shatterhand«. Dieser Mischmasch hat keine komplexen grammatikalischen Regeln, wie man sie von gewachsenen Sprachen kennt. Doch das bleibt nicht so. Werden nämlich Kinder in solchen Pidgin-Kulturen geboren, dann sprechen sie nach einer Zeit nicht mehr wie ihre Eltern. Stattdessen generieren sie *automatisch eine Grammatik*, sodass der anfängliche Wortsalat nach und nach eine vollwertige Sprache wird. Wohlgemerkt passiert das völlig ohne Unterweisung einfach nur dadurch, dass die Kinder sprechen. In der »Schule der Straße« passiert etwas ähnlich Erstaunliches. Dort entwickelt sich eine ausgefeilte Pädagogik in einem Umfeld, in dem es keine Pädagogik gibt! Und diese selbstgewachsene Lernkultur genügt allen in diesem Buch genannten Forderungen. Natürlich kann die »Schule der Straße« kein direktes Vorbild für unsere Bildungseinrichtungen sein. Sie kann uns aber zum Nachdenken bringen.

Wenn Erwachsene das Wort »HipHop« hören, dann verbinden sie damit im Allgemeinen Gangster, die schwere

Goldketten tragen und mit leicht bekleideten Frauen in fetten Straßenkreuzern durch die Gegend fahren. Dieses Bild wird von den Medien nachhaltig unterstützt. Aus diesem Grund ist es nachvollziehbar, dass eigentlich nur Insider wissen, dass HipHop in seinem Wesen eine Kultur ist, die in vielen Bereichen einen bewundernswürdigen Verhaltenskodex und beispielhafte Übepraktiken entwickelt hat. Zur HipHop-Kultur gehören die Graffitikunst, das Rappen, das Plattenauflegen und das Tanzen.

Ich möchte mich an dieser Stelle auf das Tanzen beschränken und dabei sogar nur einen einzigen Stil ins Auge fassen – das sogenannte Poppin. Dieser Stil hat seinen Namen vom Pop. Der Pop ist eine Technik, mit der man den Tanz akzentuiert, indem man zum Beispiel den Trizepsmuskel im Bruchteil einer Sekunde stark anspannt und wieder loslässt. Das englische Wort »to pop« heißt knallen und hat mit dem schlüpfrigen deutschen Wort »poppen« nichts zu tun. Mit Hilfe dieser Technik und einiger anderer versucht der Tänzer, extrem artifiziell zu tanzen. Er kann sich wie eine Marionette bewegen, wie eine Spielzeugpuppe, ein Monster aus einem animierten Film oder wie ein Roboter. Dieser Stil, der es nötig macht, jeden Muskel seines Körpers virtuos zu kontrollieren, ist sicher einer der anspruchsvollsten Tänze, die man sich vorstellen kann. In unserem Zusammenhang ist es interessant, wie diese Tänze im Allgemeinen gelernt werden, welche Funktion die Lehrer haben und wer von wem Respekt und Aufmerksamkeit für welche Fähigkeiten bekommt.

Zuerst einmal fällt auf, dass oft Jung und Alt miteinander trainieren und es überhaupt keine Rolle spielt, woher jemand kommt, ob er arm ist oder reich, Chinese, Albaner, Türke oder Deutscher. Hier scheinen mit leichter Hand Integrationsprobleme gelöst zu werden, an denen sich die Verantwortlichen in der Politik seit Jahren die Zähne ausbeißen.

Entscheidend für die Aufnahme in den Kreis der Tänzer ist einfach das ehrliche Interesse am Tanz und das ernsthafte Bemühen, zu trainieren und zu lernen. Besonderen Respekt und Aufmerksamkeit von der Community bekommen natürlich besonders die Tänzer und Tänzerinnen, die das Poppin sehr gut beherrschen. Das Kriterium des Könnens ist in diesem Tanz aber ein anderes als bei uns in den Schulen. Es geht nämlich gerade nicht darum, eine Leistung einfach zu reproduzieren! Selbstverständlich muss ein Poppin-Tänzer die grundlegenden Techniken seines Stils beherrschen und, was sehr wichtig ist, sie müssen mit dem richtigen »flavor«, dem richtigen Ausdruck, getanzt werden. Das alleine reicht aber nicht, um den Respekt der anderen zu erhalten. Es ist sehr wichtig, dass sich der Tänzer eine *individuelle Note* erarbeitet, die ihn unverwechselbar macht und mit der er seiner Persönlichkeit Ausdruck verleiht. In diesem Zusammenhang ist es eine Sünde, einen anderen Tänzer zu »biten«, seinen Stil einfach zu kopieren und auf diese Weise dessen Kreativität zu »stehlen«, wobei man gleichzeitig eingesteht, dass man keine eigenen Ideen hat. Die Entwicklung und der Ausdruck des eigenen Selbst sind also ein unverzichtbarer Teil dieser Kultur. Gerade Jugendliche, die sonst den Eindruck haben, dass die Gesellschaft nicht auf sie wartet, ergreifen eine solche Möglichkeit mit beiden Händen und zeigen in beeindruckender Weise, was in ihnen steckt.

Wie wird gelernt? Natürlich kann man in eine Tanzschule gehen und dort Poppin-Unterricht nehmen. Verbreitet ist aber vor allen Dingen das gemeinsame Üben – das »jammen«. Hier arbeitet zwar jeder an sich selbst, hat aber immer Augen und Ohren offen und lässt sich auch von den anderen inspirieren. In diesem Kontext haben erfahrene Tänzer oft die Funktion von Mentoren, die den jüngeren oder noch nicht so fortgeschrittenen Tänzern die wichtigsten Techniken zeigen. Außerdem dienen sie ihnen als Vorbilder, denen man nacheifert, aber eben immer vor dem Hintergrund, einen individuellen, eigenen Ausdruck zu finden. Und nicht nur beim Üben inspiriert man sich gegenseitig, auch bei den »jamsessions« ist es wichtig, sich auszutauschen und neue Ideen zu entwickeln. Bei diesen Events, bei denen manchmal Tänzer aller Kontinente anwesend sind, wird oft im »circle« getanzt, in dem jeder die Möglichkeit hat, sich zu präsentieren. Dabei handelt es sich nicht um eine Wettkampfsituation. Die Tänzer erfreuen sich an der Leistung der anderen und kommen selbst auf neue Ideen.

Übrigens ist auch in einem ganz anderen Kontext ein ungezwungener Austausch fruchtbarer Nährboden kreativer Ideen. An den Max-Planck-Instituten sind die Teestunden ein Ritual. Die Forscher plaudern dort ungezwungen über das, was sie tun. Viele große Forschungsvorhaben fanden und finden hier ihren Anfang. Ein Modell auch für unsere Schulen – wohl undenkbar.

Zurück zum Poppin. Nur bei den sogenannten »battles« geht es darum, die besten Tänzer zu ermitteln. Diese treten gegeneinander an. Und wieder ist es nicht wie in der Schule die Reproduktion von Bekanntem, für das man Respekt und Anerkennung bekommt. Das Beherrschen der Technik wird vorausgesetzt. Entscheidend ist, wie sehr sich ein Tänzer auf die Musik einlässt, ob er den Mut hat, diese intuitiv zu interpretieren, und auf diese Weise als Mensch fühl- und sichtbar wird. Wichtig ist auch, ob er Zuschauer und Jury durch spontane »moves« überraschen kann. Das Abspulen vorher auswendig gelernter Bewegungsfolgen wird als »Malen nach Zahlen« bezeichnet und Tänzer, die ihre Technik nicht intuitiv einsetzen, werden »Mathematiker« genannt. Das ist kein Kompliment.

Für Außenstehende ist es vielleicht überraschend, dass in diesen »informellen Lernkulturen« Künstler heranwachsen, die keinen Vergleich zu scheuen brauchen. Das wurde etwa von dem Weltklasseturner Fabian Hambüchen neidlos anerkannt. Er war mit dem Tänzer Lil Ceng gemeinsam auf einer großen Gala aufgetreten. Hambüchen stellte erstaunt fest, dass die furiose Artistik des Tänzers mindestens so anspruchsvoll war wie seine ausgefeilte Turnakrobatik, obwohl dieser sein Können nicht in einem Leistungszentrum, sondern in einem runtergekommenen Jugendhaus erworben hatte.

Es ist also bemerkenswert, dass sich junge Menschen, in der Begeisterung für eine Sache vereint, zusammenschließen und sich ohne äußere Anweisung selbst Regeln geben, um einen langen Weg des Lernens zu beschreiten. Auf diese Weise entwickeln manche eine großartige Technik und eine unverwechselbare Individualität, sie lernen ihre Ängste in den Griff zu bekommen und Auftritts- und Wettkampfsituationen zu meistern. Eine Schule ist sicherlich keine Tanzklasse und trotzdem lohnt sich zur Inspiration ein Blick über die Mauer. Das Erlernen einer komplizierten Technik und die Entwicklung einer eigenen Persönlichkeit, in einem Umfeld, das von Respekt, Toleranz sowie dem Willen und der Lust zu Lernen geprägt ist – welche offizielle Bildungseinrichtung kann das alles für sich in Anspruch nehmen?

Abgesang

Ich habe in diesem Buch versucht, die Aufmerksamkeit auf Lernstrategien zu richten, die in jedem Lernprozess und in jeder Lehrer-Schüler-Beziehung wesentlich sind, da sie sich in der Praxis unfehlbar bewährt haben. Das Können von Kindern und Meistern ist über jeden Zweifel erhaben. Damit verbindet sich die Hoffnung, dass diese Strategien auch in Elternhaus, Schule und Universität in Zukunft mehr geschätzt werden.

Auf eine wesentliche Instanz, die in Belangen der Pädagogik heute eine ausgesprochen dominante Rolle spielt, bin ich aber bewusst nicht eingegangen: die empirische Bildungsforschung. Zum einen wäre der Umweg zu groß geworden. Zum anderen bin ich aber auch vom Ansatz der Bildungsforschung nicht wirklich überzeugt. Deshalb halte ich es für bedenklich, ihr in der Bildungspolitik so großen Raum zu geben. Um diesen Standpunkt zu belegen, kommt man um ein paar einleuchtende wissenschaftstheoretische Argumente nicht herum. Wer diese nicht scheut, ist eingeladen, kurz weiterzulesen. Die anderen können die Lektüre an dieser Stelle ohne großen Verlust beenden.

Der erste PISA-Schock hat dazu geführt, dass in Deutschland eine regelrechte Evaluierungsindustrie entstanden ist. In der Folge ist es zu einem Reformwahn gekommen, den man schon fast als hysterisch bezeichnen kann. Dieser stellt Schüler und Lehrer vor fast unlösbare Aufgaben. Da stellt sich die Frage, ob das ausgeprägte Selbstbewusstsein der empirischen Bildungsforscher berechtigt ist. Naturgemäß halten sich die Evaluierer selbst für unverzichtbar, da sie die Überzeugung pflegen, schlecht begründete pädagogische Glaubenssätze durch empirisch belegbare Aussagen zu ersetzen. Mit wissenschaftlichen Analysen soll das überflüssige Bildungsabrakadabra erfahrener Lehrer einfach aus dem Feld geschlagen werden! Der Bildungsforscher als analytischer Zuchtmeister. Aber da bleibt eine wichtige Frage: Wer kontrolliert die Kontrolleure?

Tatsächlich unterschlagen die Wissenschaftler geflissentlich einen entscheidenden Punkt. Die Grundlage der Bildungsforschung ist ebenfalls ein wackliger Glaubenssatz! Schließlich liegt *jeder* Wissenschaft die *Vermutung* zugrunde, dass die messbaren Aspekte für das Verständnis und die Erklärung eines Problems relevant sind. Und bei der Auswahl dieser Aspekte bleibt einem auch nichts anderes übrig, als sich auf Gefühl und Erfahrung zu verlassen. Das ist der subjektive Teil einer sich objektiv gebenden Forschung. In der Wissenschaftstheorie, die sich mit solchen Spitzfindigkeiten auseinandersetzt, spricht man in diesem Zusammenhang euphemistisch von den sogenannten »begründeten Vorannahmen«. Um diese Praxis zu verstehen, machen wir einen kleinen Schwenk in die Welt der Physik, in der die Verhältnisse klarer zutage treten als in den Wissenschaften, die vorgeben, menschliches Verhalten messen und bewerten zu können.

Wir werfen einen Blick in die Vergangenheit und beobachten den ehrwürdigen Galileo Galilei in seinem Labor.

Der Forscher möchte herauskriegen, wie eine Metallkugel eine schiefe Ebene hinunterrollt. Er entscheidet sich, Zeiten, Winkel und Abstände zu messen. Aber warum interessiert ihn nicht die Farbe der Kugel, die Raumtemperatur oder der Luftdruck? Weil er *vermutet,* dass diese Größen im Rahmen seiner Fragestellung irrelevant sind. Bestimmte Aspekte zu messen und andere nicht, das verdankt sich besagten Vorannahmen. Leider sind diese nicht immer so gut begründet, wie es scheint. Etwas, das beim ersten Nachdenken als völlig evident erscheint, kann sich im Nachhinein als evident falsch herausstellen. Aus diesem Grund wimmelt es in der Wissenschaftsgeschichte von Fällen, in denen Vorannahmen revidiert werden mussten. In der klassischen Physik war der Glaube verbreitet, dass ein Beobachter ein System beim Messen nicht stört. Die Widerlegung dieser falschen Annahme war einer der Gründe, weshalb es zu einer wissenschaftlichen Revolution kam: der Quantenmechanik.

Was nun für die Paradewissenschaft Physik gilt, gilt in noch viel stärkerem Maße für die »Wissenschaften«, deren Fundamente in schwammigeren Böden verankert sind. Damit wären wir wieder bei der Bildungsforschung, dem vermeintlichen Hoffnungsträger in Zeiten der Ratlosigkeit. Damit diese Erkenntnisbemühung eine Wissenschaft genannt werden kann, muss sie etwas messen können. Da bleibt nur ein Problem. Welche Größen sind für was in welcher Weise relevant? Den fast naiven Glauben, dass die teils willkürliche Auswahl von Messgrößen etwas mit dem

Verständnis eines sehr komplexen Phänomens zu tun hat, kann man sich mit Hilfe des »Schlüsselsuchparadoxons« verdeutlichen: Ein Betrunkener hat in tiefster Nacht in einer dunklen Großstadt seinen Schlüssel verloren. Wie soll er ihn wiederfinden? Schlau wie er ist, sucht er unter der einzig noch funktionierenden Laterne, da dort das Licht am besten ist. Eine solche Vorgehensweise ist in gleichem Maße sinnig wie unsinnig. Natürlich ist es klug, dort zu suchen, wo man etwas sieht. Aber leider bedeutet das nicht, dass man dort auch findet, was man sucht.

In der Bildungsforschung werden mit beträchtlichem Aufwand Leseleistungen, mathematische Fertigkeiten und naturwissenschaftliche Bildung verschiedener Nationen miteinander verglichen. In jüngerer Zeit wird sogar untersucht, wie geschickt Jugendliche mit einem Fahrkartenautomaten umspringen. Lesen, rechnen, das Fallgesetz verstehen, eine Fahrkarte ziehen. Das sind wichtige Fertigkeiten – zugegeben. Aber sind das tatsächlich die wesentlichen Kompetenzen oder werden andere, die mindestens genauso wichtig sind, gar nicht erfasst? Und wie *bedeutsam* sind eigentlich die Differenzen in besagten Disziplinen zwischen den Ländern? Lassen sich auf der Grundlage solcher Unterschiede wirklich begründete Vorhersagen machen? Führen etwa exzellente PISA-Ergebnisse mittelfristig zu einer prosperierenden Wirtschaft, während Mittelmaß zwangsläufig Wohlstandsverlust bedeutet? Und sind gute Schüler später glücklicher, während sich die Luschen grämen?

Machen wir uns kurz Gedanken zur Auswahl. Südkoreaner schneiden bei PISA traditionell hervorragend ab. Das ist nicht verwunderlich in einem Land, in dem die Schüler mit unglaublicher Härte von Eltern und Lehrern malträtiert werden. Koreanische Schüler müssen oft bis nach Mitternacht Hausaufgaben machen. Die guten Universitäten erreichen nur die Allerbesten. Ein knallhartes Ausleseverfahren.

Trotzdem war es in diesem Land mit seinem exzessiven Leistungswillen lange Zeit ziemlich gefährlich, mit dem Flugzeug zu fliegen. Es stürzten viele ab – trotz sehr gut ausgebildeter Piloten. Das unterschied die koreanischen Airlines zum Beispiel von der Lufthansa. Wie war das möglich?

Die akribische Analyse von Flugschreibern und Bordfunk erklärte das Desaster. In der Kabine gab es auch im Angesicht der Katastrophe keinen Dialog. Wenn der Kapitän den Jet bei schlechter Sicht geradewegs auf einen Berg zuflog, widersprach der Pilot, der das Unglück kommen sah, nicht! Trotz akuter Lebensgefahr wollte er nicht riskieren, dass der Kapitän einen Fehler hätte einsehen müssen. Nach asiatischer Lesart wäre das ein Gesichtsverlust gewesen. So behielt der Kapitän zumindest seine Würde. Dafür waren er, sein Pilot und alle Fluggäste wenig später tot.

Der Mut, Fehler einzusehen, einen eigenen Standpunkt entschieden zu vertreten, zu widersprechen, wenn es notwendig ist: sind das PISA-relevante Fragestellungen? Sind diese Charaktereigenschaften unwichtig für den Erfolg? Erinnern Sie sich bitte an die Willkürlichkeit wissenschaftlicher Vorannahmen! Wir haben bereits gesehen, dass es ein schwerer Fehler ist, solche Charaktereigenschaften einfach zu vernachlässigen. Von Einstein haben wir gelernt, wie wichtig Stirn und Nase sind.

Nehmen wir jetzt trotzdem einmal an, PISA würde tatsächlich die richtigen Fragen stellen. Was hätte das für Folgen? Würden die sehr gut getesteten Schüler im Vergleich zu den guten und mäßigen später tatsächlich bessere Schriftsteller, scharfsinnigere Wissenschaftler oder brillantere Ingenieure werden? Drücken wir es vorsichtig aus: Das ist beim heutigen Stand der Wissenschaft offen. Und völlig unentschieden ist die für alle Menschen eigentlich wesentliche Frage, deren Beantwortung leider völlig aus der Mode gekommen ist: Welche Einsichten, Fertigkeiten und Charaktereigenschaften benötigt man eigentlich, um ein geglücktes und gelungenes Leben zu leben?

Ist das nicht des Pudels Kern! Die Antwort? Stille. In einer mittlerweile fast völlig durchökonomisierten Gesellschaft wird die Frage nach dem gelungenen Leben nur noch oberflächlich in der Ratgeber- und Glücksliteratur angekratzt. Von vereinzelten Theologen und Philosophen sehen wir hier ab. Damit reduziert sich der Wert der Bildung auf Fertigkeiten, die es dem Menschen ermöglichen sollen, materielle Güter anzuhäufen und auf diese Weise vermeintlich das Leben zu genießen. Außerdem muss »Bildung«, das ist ein politischer Anspruch, gewährleisten, dass junge Menschen widerstandslos die ihnen zugewiesene Rolle im gesamtgesellschaftlichen Produktionszusammenhang einnehmen. In diesem Kontext ist es nicht verwunderlich, dass im Rahmen der Bildungsforschung gerne vom »Humankapital« geredet wird, das es zu optimieren gilt. Auch Eltern haben sich diesem zweifelhaften Sprachduktus angepasst und reden gerne davon, dass die Bildung ihrer Kinder eine »Investitionsentscheidung in die Zukunft« sei. Eine am wirtschaftswissenschaftlichen Vokabular orientierte Sprechweise, die Individuen konsequent versachlicht, ist heute so alltäglich, dass uns eigentlich gar nicht mehr auffällt, wie eindimensional und menschenverachtend sie ist. Nur der Vollständigkeit halber sei darauf hingewiesen, dass wir mit solch entseelten Sprachgewohnheiten in unserer Geschichte grausame Erfahrungen gemacht haben.

Aber wir sind hier keine Spielverderber und klammern die schwierige Frage nach dem Glück des Menschen aus. Wir lassen uns hier bewusst auf die reduzierte ökonomische Denkart ein und fragen, ob die Ergebnisse der Bildungsforschung wenigstens in diesem Zusammenhang einen Sinn ergeben. Was bringen exzellente Ergebnisse? Gibt es da deutliche Korrelationen?

Wenn man regelmäßig die Zeitung liest, darf man auch das bezweifeln.

Japan ist wie Korea ebenfalls eine »Drillnation« und bei PISA erfolgreich, verharrt aber seit einer gefühlten Ewigkeit in lethargischer Starre und kämpft mit der Deflation. Außerdem ist es wie kaum ein anderes Land verschuldet.

Und die Idole? Die Finnen? Seit Jahren singen wir das hohe Lied auf die nordische Pädagogik und Helsinki ist zum Pilgerort geworden. Bleibt nur eine Frage: Was machen eigentlich all die gelobten Musterschüler, die vorbildlich bewiesen haben, wie schulisches Wissen elegant zum Problemlösen in Alltagssituationen eingesetzt werden kann?

Nokia, das ehemals finnische Vorzeigeunternehmen, hat gerade seine Handysparte wegen latenter Erfolglosigkeit an Microsoft verkauft. Die Finnen haben sehr lange sehr tief und sehr fest geschlafen und so ziemlich jeden Trend verpasst, den sie hätten rechtzeitig erkennen sollen. Dass es mit diesem Unternehmen stetig bergabging, war mir übrigens schon klar, als die Aktienkurse noch durch die Decke schossen. Dafür war kein Scharfsinn nötig. Seit Jahren benutze ich Handys dieser Firma, die es irgendwie nicht geschafft hat, zwei mehr oder weniger identisch funktionierende Benutzeroberflächen zu konstruieren. Auf das Autofahren übertragen würde das bedeuten, dass sie mit jedem Autokauf das Fahren erneut erlernen müssten, da sich Gaspedal, Bremsen, Kupplung und Blinker immer an verschiedenen Plätzen befänden. Wäre das eine gute Strategie für BMW und Mercedes? Was hätte man mit PISA prüfen müssen, um zu erkennen, dass die gefeierten Asse solche Probleme offensichtlich nicht lösen können? Und noch eine Frage: Nennen Sie bitte ein weiteres finnisches Unternehmen von Weltruf, das nicht Nokia heißt!

Die mittelmäßigen Amerikaner dagegen haben mit Unternehmen wie Apple, Facebook, Google, Ebay und Amazon die absolute Weltherrschaft im virtuellen Raum übernommen. Apple, ein immer innovatives, aber lange Zeit unbedeutendes Computerunternehmen, das von einem Schulabbrecher mit guter Nase und maultierhafter

Starrnackigkeit geführt wurde, ist nach Google die teuerste Firma des Planeten. Und selbst wir, die mit Häme überschütteten Deutschen, sind in der EU das einzige Land, das momentan einen Überschuss produziert. All die jungen Ingenieure, Wirtschaftler und Wissenschaftler, die angeblich nicht richtig lesen und schreiben können, arbeiten in vielen Unternehmen, die in ihrem Segment Weltmarktführer sind.

Wenn die bei PISA ermittelten Faktoren so essenziell sind, wie kann es dann sein, dass in Deutschland die Wirtschaft dermaßen brummt und so viele Patente wie in fast keinem anderen Land der Erde angemeldet werden? Wurden da wieder ein paar wichtige Faktoren übersehen?

Denken wir noch einmal an den Mann, der seinen Schlüssel im Lichtkegel der Laterne sucht. In vergleichbarer Weise ist der Erkenntniskreis der empirischen Bildungsforschung beschränkt. Einige wenige Fragen liegen im Lichtkreis, viele wichtige Fragen im großen Bereich des Dunklen. Der eigentlich naive Glaube, dass sie sich quantifizieren und auf diese Weise beantworten ließen, ist die große Religion unserer Zeit! In der Philosophie nennt man sie Kalkulationismus. Ihr Stammvater ist Pythagoras. Aber es steht nirgendwo geschrieben, dass das eine Strategie ist, die zwangsläufig zum Erfolg führt. Selbst in der Physik, in der die Experimentalbedingungen vergleichsweise übersichtlich sind, lässt sich *eindeutig belegen*, dass man seine Zeit verschwendet, wenn man krampfhaft versucht, das Unberechenbare zu berechnen. Da bleibt dann zum Schluss nur Nachdenken als Strategie, wobei selbst der von den Empirikern geschmähte gesunde Menschenverstand, der sich Erfahrungen und Bauchgefühl zunutze macht, hilfreich sein kann. Noch besser sind Nachdenken und genaues Beobachten! Damit sind wir wieder bei den Kindern und den Meistern – und der Motivation, dieses Buch zu schreiben.

Literatur

DeLoache, J., Eisenberg, N., Siegler, R.: *Entwicklungspsychologie im Kindes- und Jugendalter,* Spektrum Akademischer Verlag, Heidelberg 2005.

Gluck, M. A., Mercado, E., Myers, C.E.: Lernen und Gedächtnis – Vom Gehirn zum Verhalten, Spektrum Akademischer Verlag, Heidelberg 2010.

Siefer, W.: Das Genie in mir – Warum Talent erlernbar ist, Campus Verlag, Frankfurt am Main 2009.

Tomasello, M.: Die Ursprünge der menschlichen Kommunikation, Suhrkamp, Frankfurt am Main 2009.

Wehr, M.: Welche Farbe hat die Zeit – Wie Kinder uns zum Denken bringen, Eichborn, Frankfurt am Main 2007.

Wehr, M., Weinmann, M. (Hrsg.): Die Hand – Werkzeug des Geistes, Spektrum Akademischer Verlag, Heidelberg 2005.

Zankl, H.: Kampfhähne der Wissenschaft – Kontroversen und Feindsch*aften,* Wiley-VCH, Weinheim 2010.